danzig & unfried

DIGITAL MEDIA STUDIES 1

herausgegeben von Edith Blaschitz

Karin Sattler

Crowdfunding als Geschäftsmodell im Verlagswesen

danzig & unfried

www.danzigunfried.com
Printed in Germany
ISBN 978-3-902752-21-5

Inhalt

1. Einleitung

Die österreichische bzw. internationale Verlagsbranche steht derzeit vor zahlreichen Herausforderungen. Die Digitalisierung, das veränderte Mediennutzungsverhalten der Kundinnen und Kunden sowie die Machtverschiebung vom Anbieter zum Nachfrager (»Customer Empowerment«[1]) erfordern ein Umdenken traditioneller Verlagshäuser. Die klassische Produktpalette muss erweitert, alternative Erlösquellen geschaffen oder gänzlich neue Geschäftsmodelle eingeführt werden.[2] So investieren manche Verlage in die Einführung digitaler Produkte wie E-Books, Apps oder Datenbanken, bieten branchenfremde aber auf die Zielgruppe zugeschnittene analoge Zusatzprodukte an (z. B. die Wochenzeitung »Die Zeit« mit dem Onlineversand »ZeitShop« oder dem Reiseportal »ZeitReisen«) oder setzen auf digitale Diversifikation (z. B. der deutsche Medienkonzern Burda mit »Zooplus«, einem Onlineversand für Heimtierbedarf).[3] Eine weitere Möglichkeit, den durch die Digitalisierung bedingten Umbruch im Verlagswesen zum Vorteil der Verlage zu nutzen, stellt Crowdfunding dar. Publiziert werden dabei nur jene Werke, die im Vorfeld genügend Unterstützerinnen und Unterstützer im Netz gefunden haben. Vor allem Selfpublisher haben diese Finanzierungsalternative zur Publikation ihrer Werke für sich entdeckt, da es eine gänzliche Unabhängigkeit von Verlagen und deren Lektorinnen und Lektoren schafft. Aber auch Verlagshäuser selbst setzen bereits Crowdfunding ein, indem Intermediäre wie die Online-Plattform Kickstarter zur Finanzierung der Publikationen genutzt oder verlagseigene Plattformen gegründet werden.[4]

Wie Crowdfunding in der internationalen Verlagsbranche konkret eingesetzt wird, wie das dahinterliegende Geschäftsmodell beschaffen ist und welche Chancen und Risiken für einen österreichischen Fachver-

1 Gouthier (2006): S. 167.
2 Vgl. Henzler/Kern (2014): S. 16ff.
3 Vgl. Henzler (2014): S. 9ff.
4 Vgl. Letz (2014e): o. S.

lag daraus ableitbar sind, steht im Fokus der vorliegenden Publikation.[5] Das Ziel ist es, mit Hilfe der vorhandenen wissenschaftlichen Literatur und durch die Analyse von Fallbeispielen aus Deutschland, England, Spanien und den USA einen Geschäftsmodell-Ansatz für Crowdfunding im Verlagswesen (»Crowdfunded Publishing«[6]) zu entwickeln, um dadurch konkrete Erfolgskriterien und Handlungsempfehlungen identifizieren zu können. Der Geschäftsmodell-Ansatz dient österreichischen Fachverlagen als Leitfaden für die Integration von Crowdfunding.

1.1 Forschungsfrage und Methode

Im Mittelpunkt dieser Untersuchung steht folgende Forschungsfrage: Inwieweit wird Crowdfunding bereits von internationalen Verlagen als Geschäftsmodell eingesetzt und welche Handlungsempfehlungen ergeben sich daraus für einen österreichischen Fachverlag? Durch die gewonnenen Erkenntnisse kann ein Geschäftsmodell-Ansatz für »Crowdfunded Publishing« aus Sicht eines Fachverlages entwickelt werden, um in Folge Handlungsempfehlungen für die Integration von Crowdfunding in Fachverlagen geben zu können. Beleuchtet wird dabei u. a. die Bedeutung von Online-Communities und Social Media, die Erfolgsrelevanz des bestehenden Netzwerkes der Autorinnen und Autoren und die unterschiedlichen Motive der Kapitalgeberinnen und -geber bzw. Kapitalnehmerinnen und -nehmer, Crowdfunding-Projekte zu unterstützen bzw. zu lancieren.

1.2 Stand der Forschung

In der Literatur wurde Crowdfunding bereits aus unterschiedlichen Blickwinkeln beleuchtet. Im Fokus standen dabei etwa die Motivation der Kapitalgeberinnen und -geber sowie Kapitalnehmerinnen und -nehmer,[7] das Entscheidungsproblem der Unternehmen in der Wahl des Crowdfunding-Modells[8] oder die Bedeutung sozialer Netzwerke

5 Diese Untersuchung wurde am Studiengang Digital Publishing an der Donau-Universität Krems als Master Thesis eingereicht.

6 Vgl. Friedman (2015): o. S.

7 Vgl. Gerber et al (2012): S. 1ff.

8 Vgl. Belleflamme et al. (2013): S. 1ff.

für den Erfolg einer Crowdfunding-Kampagne.[9] Mit den Auswirkungen der Digitalisierung auf Medienunternehmen bzw. Verlage setzen sich u. a. folgende Autorinnen und Autoren auseinander: Janello,[10] Clement/Sambeth[11] und Wirtz.[12] Übelhart[13] beschäftigt sich mit dem Phänomen des Crowdsourcing für crossmediale Projekte der digitalen Kunst, Letz[14] mit den Auswirkungen von Crowdsourcing bzw. Crowdpublishing auf die Wertschöpfungskette von Verlagen. Eine Analyse der Einsatzmöglichkeiten von Crowdfunding als Geschäftsmodell österreichischer Fachverlage und daraus abgeleiteten Handlungsempfehlungen wurde bisher verabsäumt, die vorliegende Untersuchung soll diese Forschungslücke schließen.

1.3 Aufbau

Um die Forschungsfrage zu beantworten, widmet sich die Arbeit zuerst der Darstellung des Crowdfunding-Konzeptes: Wie wird der Begriff definiert, welche unterschiedlichen Modelle existieren und wie lässt sich Crowdfunding in das übergeordnete Phänomen des Crowdsourcings einordnen. Die relevanten Hauptakteure Projektinitiatorin und -initiator, Geldgeberin und Geldgeber und Crowdfunding-Plattform werden analysiert und deren unterschiedliche Teilnahmemotive dargestellt. In Folge werden Erfolgskriterien und Herausforderungen des Crowdfundings beleuchtet. Das darauffolgende Kapitel stellt das Verlagswesen in den Mittelpunkt. Behandelt werden die Elemente, aus denen die traditionelle Wertschöpfungskette eines Verlages besteht, wie Fach- und Publikumsverlag voneinander abgegrenzt werden können und welchen Herausforderungen sich ein Verlag aufgrund der Digitalisierung stellen muss. In Kapitel 4 steht die theoretische Analyse von Geschäftsmodellen im Fokus. Dabei werden der Geschäftsmodell-Ansatz von Wirtz,[15] der St. Galler Business Model Navigator von Gassmann et al.[16] sowie

9 Vgl. Lu et al. (2014): S. 1ff.
10 Vgl. Janello (2010): S. 1ff.
11 Vgl. Clement et al. (2009): S. 1ff.
12 Vgl. Wirtz (2013): S. 1ff.
13 Vgl. Übelhart (2011): S. 1ff.
14 Vgl. Letz (2014): S. 1ff.
15 Vgl. Wirtz (2013b): S. 269ff.
16 Vgl. Gassmann et al. (2013): S. 6ff.

die Business Model Canvas von Osterwalder/Pigneur[17] dargestellt, um in Folge die relevanten Elemente des Geschäftsmodell-Ansatzes für Crowdfunding festzulegen. Anhand dieser Elemente erfolgt die Analyse der Geschäftsmodelle der fünf Fallbeispiele in Kapitel 5. Vier Fallbeispiele aus dem Verlagswesen in Deutschland, England, Spanien und den USA und eines aus der amerikanischen Filmindustrie werden detailliert untersucht. Auf Basis der gewonnenen Erkenntnisse präsentiert Kapitel 6 den Geschäftsmodell-Ansatz »Crowdfunded Publishing« aus Sicht eines Fachverlages mit Hilfe der in Kapitel 4 festgelegten Elemente. Abgeschlossen wird das Kapitel 6 mit der Identifizierung konkreter Handlungsempfehlungen für Fachverlage für den Einsatz von Crowdfunding. Das Fazit inkl. der Beantwortung der Forschungsfrage ist Teil des letzten Kapitels 7.

17 Vgl. Osterwalder/Pigneur (2011): S. 18ff.

2. Crowdfunding

Unter Crowdfunding wird die Finanzierung eines Projektes durch eine undefinierte Masse an Menschen (der »Crowd«[18]) verstanden, die sich jeweils durch einen kleinen finanziellen Beitrag beteiligen.[19] Das Konzept der gemeinschaftlichen Finanzierung durch eine große Gruppe von Menschen ist nicht neu – bereits 1884 mobilisierte Joseph Pulitzer die Bürgerinnen und Bürger von New York zur gemeinsamen Finanzierung des Sockels der Freiheitsstatue[20] – und vor allem im Verlagswesen durch das Subskriptionsmodell seit dem 17. Jahrhundert gängig.[21] Neu sind allerdings die durch das Internet bzw. die Sozialen Medien ungleich größere Reichweite und das dadurch mögliche Potential zur Realisierung innovativer Projekte. Ausschlaggebend für die Entwicklung von Crowdfunding ist die Rolle der Konsumentin und des Konsumenten, die/der sich von der passiven Empfängerin/vom passiven Empfänger von Marketingbotschaften der Unternehmen zum »Prosumenten«[22] entwickelt hat: Konsumentin und Konsument sowie Produzentin und Produzent zugleich.[23] Als aktive/r Gestalterin und Gestalter möchte er/sie in den Produktionsprozess, der lange Zeit ausschließlich von Unternehmen dominiert war, involviert werden oder diesen gänzlich übernehmen.[24] Der amerikanische Journalist Jeff Howe, der die Begriffe »Crowdfunding« (»Schwarmfinanzierung«) und »Crowdsourcing« (»Schwarmauslagerung«) maßgeblich geprägt hat[25], sieht die Entwicklung des »Prosumenten« bzw. die Integration der Kundinnen und Kunden in den Wertschöpfungsprozess der Unternehmen als direkte Auswirkungen der Digitalisierung bzw. des Internets: »Once upon a

18 Vgl. Leimeister (2012): S. 388.
19 Vgl. Hemer et al. (2011): S. 1.
20 Vgl. Harris (1985): o. S. zit. nach Blohm et al. (2013): S. 10.
21 Vgl. Kern (2014a): o. S.
22 Toffler (1983): S. 273.
23 Vgl. Sixt (2014): S. 2.
24 Vgl. Howe (2008): S. 71.
25 Vgl. Howe (2006): S. 1.

time there were producers and consumers. Their roles were static and well defined. But thanks to the Internet [...] the line between producer and consumer has begun to blur. [...] Suddenly given access to cheap equipment, user-friendly software, and cost-free distibution, an entire generation of aspiring musicians, filmmakers, writers and other creatives is choosing to reinvent the way ›product‹ has historically been generated, marketed and sold.«[26]

Mittels Crowdfunding konnten 2014 weltweit insgesamt 16,2 Milliarden Dollar lukriert werden, eine Steigerung von 167 Prozent im Vergleich zu 2013. Für 2015 wird eine neuerliche Verdopplung des Finanzierungsvolumens auf bis zu 34,4 Milliarden Dollar erwartet. Nordamerika ist aktuell der mit Abstand größte Crowdfunding-Markt (9,46 Milliarden), gefolgt von Asien (3,4 Milliarden) und Europa (3,26 Milliarden).[27] Kickstarter als derzeit erfolgreichste Crowdfunding-Plattform veröffentlicht jedes Jahr neue Rekordzahlen: So wurden 2014 22.252 Projekte erfolgreich finanziert und insgesamt 529 Millionen Dollar von 3,3 Millionen Menschen weltweit eingesammelt. Der Bereich »Publishing« schafft es mit über 2.000 erfolgreich finanzierten Projekten auf Platz 3 nach »Musik« (4.009) bzw. »Film & Video« (3.846).[28]

Im folgenden Kapitel wird das Konzept Crowdfunding definiert, die unterschiedlichen Formen dargestellt und in das breitere Phänomen des Crowdsourcing eingeordnet. Zusätzlich erfolgt eine Analyse der wesentlichen Hauptakteurinnen und -akteure inkl. deren Motivation zur Teilnahme am Crowdfunding-Prozess. Die Darstellung der Erfolgskriterien und Herausforderungen aus Sicht der Projektinitiatorinnen und -initiatoren, Geldgeberinnen und Geldgeber und Unternehmen bildet den Abschluss des Kapitels.

2.1 Definition

In der Literatur existieren zahlreiche Definitionen für das Phänomen Crowdfunding, die jeweils unterschiedliche Aspekte in den Vordergrund stellen. Die folgende Tabelle verdeutlicht die Bandbreite der Definitionen und ermöglicht eine dem weiteren Verlauf der Arbeit zugrun-

26 Howe (2008): S. 71.

27 Vgl. Crowdsourcing.org (o. J.): o. S.

28 Vgl. Kickstarter (2015a): o. S.

deliegenden eigenen Feststellung der wesentlichen Charakteristika von Crowdfunding.

Autor (Jahr)	Definition
Hemer et al. (2011)	»Crowdfunding ist eine Finanzierungsform, die im Wesentlichen über einen öffentlichen Aufruf im Web 2.0 erfolgt und zum Ziel hat, finanzielle Ressourcen für ein Vorhaben entweder ohne Gegenleistung oder gegen irgendeine Art von Gegenleistung (finanzielle/materielle Vergütung, immaterielle, ideelle Leistungen und/oder Rechte, z. B. Stimmrechte) zu erhalten und damit einen bestimmten Zweck zu erreichen.«[1]
Belleflamme et al. (2013a)	»Crowdfunding involves an open call, mostly through the Internet, for the provision of financial resources either in the form of donation or in exchange for the future product or some form of reward to support initiatives for specific purposes.«[2]
Mollick (2014)	»Crowdfunding refers to the efforts by entrepreneurial individuals and groups – cultural, social, and for-profit – to fund their ventures by drawing on relatively small contributions from a relatively large number of individuals using the internet, without standard financial intermediaries.«[3]

Tabelle 1: Definition des Begriffs Crowdfunding (eigene Darstellung)

Eine nähere Betrachtung der Definitionen zeigt, dass sowohl Belleflamme et al., Hemer et al. als auch Mollick Crowdfunding als Finanzierungsform ansehen und die Nutzung des Internets (Belleflamme et al. und Mollik) bzw. des Web 2.0 (Hemer et al.) betonen. Belleflamme et al. und Hemer et al. relativieren den letzten Aspekt, indem sie anführen, dass Crowdfunding »mostly« (Belleflamme et al.) bzw. »im Wesentlichen« (Hemer et al.) über das Internet passiert, d. h. nicht ausschließlich. Hemer et al. und Belleflamme et al. ergänzen zusätzlich, dass es sich um einen »offenen Aufruf« (»open call«) handelt. Den drei Definitionen ist gemein, dass mit Crowdfunding die Umsetzung eines bestimmten Projektes ermöglicht werden soll, d. h. ein gewisser Zweck verfolgt wird. Mollick spezifiziert dies weiter, indem er die Unterscheidung in »cultural, social and for-profit« ergänzt. Belleflamme et al. und Hemer et al. sehen die Gegenleistungen für die Unterstützerinnen und Unterstützer als wesentliches Kriterium für Crowdfunding. Mollick geht auf diesen Aspekt nicht ein, ergänzt aber vier weitere Charakteristika für Crowdfunding, die die beiden anderen Definitionen nicht beinhalten. Er inkludiert die Projektinitiatorinnen und -initiatoren (»entrepreneurial individuals and groups«) und die Crowd als Geldgeberin und Geldgeber (»relatively large number of individuals«), die jeweils einen kleinen finanziellen Beitrag leisten (»relatively small contributions«). Seine Definition beinhaltet außerdem den Hinweis, dass es sich bei Crowdfunding um eine Alternative zu traditionellen Finanzintermediären handelt.

Nicht ausreichend berücksichtigt wird in der oben genannten Auswahl der Definitionen nach Ansicht der Verfasserin die für Crowdfunding-Kampagnen meist erfolgskritische Nutzung Sozialer Medien. Ergänzt durch diesen Aspekt werden der vorliegenden Arbeit basierend auf den Definitionen von Belleflamme et al., Hemer et al. und Mollick folgende Charakteristika von Crowdfunding zugrunde gelegt:

- Finanzierungsform,
- die mittels eines offenen Aufrufs
- zumeist über das Internet inkl. Nutzung Sozialer Medien
- eine große Anzahl von Einzelpersonen (die »Crowd«) animiert,
- jeweils eine vergleichsweise kleine finanzielle Summe
- Unternehmen oder Privatpersonen zur Verfügung zu stellen
- entweder als Spende oder für eine finanzielle oder nicht-finanzielle Gegenleistung (das zukünftige Produkt oder eine nicht-materielle Form der Anerkennung),
- um die Umsetzung spezifischer Projekte zu ermöglichen (kommerziell oder nicht-kommerziell).

2.2 Modelle und Formen

Abhängig von der Art der Gegenleistung für die erfolgte Finanzierung werden mehrere Crowdfunding-Formen unterschieden, über deren konkrete Bezeichnungen in der deutschsprachigen Branche Uneinigkeit herrscht. Der Crowdfunding-Monitor des Online-Portals Für-Gründer.de sieht Crowdfunding als Teil des übergeordneten Konzeptes Crowdfinanzierung,[29] während die Crowdfunding-Studie der Universität St. Gallen Crowdfunding als unabhängiges Instrument wahrnimmt.[30] Da es sich bei der unterschiedlichen deutschsprachigen Terminologie vor allem um eine Übersetzungsproblematik handelt,[31] orientiert sich die vorliegende Arbeit an der Klassifikation des auf die Crowdfunding-Branche spezialisierten US-Marktforschungsunternehmen Massolution.[32]

Reward-based-Crowdfunding

Bei der am weitesten verbreiteten Form des Crowdfundings erfolgt die Gegenleistung durch sogenannte »Dankeschöns« in Form materieller oder ideeller Anerkennungen durch Prämien. Die Prämien können innerhalb eines Projekts variieren und sind meist nach der Höhe des finanziellen Beitrages gestaffelt. Sie reichen von Danksagungen auf einer Webseite, der namentlichen Erwähnung im Abspann eines Films oder der frühen Nutzungsmöglichkeit des finanzierten Produktes bis zu einer privaten Vorführung der Band oder Lesung der Autorin oder des Autors.[33] »Pre-Ordering« wird in der Literatur entweder als Teil des Reward-based-Crowdfunding oder als deren Weiterentwicklung gesehen: Durch die Vorbestellung neuer Produkte zu einem meist günstigeren Preis wird die Vorfinanzierung der Produktionskosten ermöglicht. In der Praxis sind die Übergänge zwischen Reward-based-Crowdfunding und Pre-Ordering fließend bzw. werden von Crowdfunding-Plattformen wie z. B. Kickstarter parallel eingesetzt.[34]

Donation-based-Crowdfunding

Beim spendenbasierten Crowdfunding erhalten die Geldgeberin und der Geldgeber keine direkte Gegenleistung. Diese Form des Crowdfundings wird meist zur Finanzierung sozialer oder nachhaltigkeitsorientierter Projekte verwendet, die Beteiligung erfolgt aus ideellen bzw. altruistischen Motiven.[35]

---

29 Vgl. Für-Gründer.de (2015): S. 9.
30 Vgl. Blohm et al. (2013): S. 25ff.
31 Vgl. Sixt (2014): S. 56.
32 Vgl. Crowdsourcing.org (2012): S. 12.
33 Vgl. Hemer et al. (2011): S. 25.
34 Vgl. Willfort et al. (2015): S. 46.
35 Vgl. Willfort et al. (2015): S. 45.

Equity-based-Crowdfunding

Als Gegenleistung für den Beitrag am Projekt erhält die Investorin oder der Investor beim Equity-based-Crowdfunding eine Beteiligung am Eigenkapital bzw. am finanziellen Erfolg des Unternehmens. Diese Art des Crowdfunding wird auch Crowdinvesting bezeichnet.[36]

Lending-based-Crowdfunding

Unter »Crowdlending« werden private Mikrokredite für Projekte verstanden. Dabei verleiht die private Geldgeberin und der private Geldgeber sein Geld über einen Plattformbetreiber oder direkt an eine Person oder ein Unternehmen ihrer/seiner Wahl und erwartet als Gegenleistung eine Verzinsung des Geldbetrages.[37]

2.3 Überbegriff Crowdsourcing

Crowdfunding hat seine Wurzeln im breiteren Konzept des Crowdsourcing. Der Begriff wurde 2006 erstmals von dem amerikanischen Journalisten Jeff Howe im Wired Magazin genutzt und bezeichnet die Auslagerung von bestimmten Aufgaben bzw. Wertschöpfungsaktivitäten an eine undefinierte Masse an Menschen mittels eines offenen Aufrufs.[38] Nach der Klassifikation von Howe wird die Crowd genutzt, um Projekte zu finanzieren (Crowdfunding), neue Produktentwicklungen zu kreieren (Crowdcreation), das bestehende Produktangebot zu bewerten (Crowdvoting) oder Lösungen für spezifische Probleme eines Unternehmens zu finden (Collective intelligence, Crowdwisdom).[39] Während beim Crowdfunding das primäre Ziel finanzieller Natur ist, soll bei den drei weiteren Kategorien des Crowdsourcings die Intelligenz der Masse zur Wissensgenerierung und Problemlösung genutzt werden.[40] Hinter diesem Prinzip verbirgt sich die Idee, dass eine Gruppe von Menschen aufgrund der kollektiven Intelligenz bzw. der Vielfalt

---

36 Vgl. Sixt (2014): S. 57.
37 Vgl. Willfort et al. (2015): S. 46.
38 Vgl. Leimeister (2012): S. 388.
39 Vgl. Belleflamme et al. (2013): S. 586; Howe (2008): S. 280ff.
40 Vgl. Gassmann (2013): S. 6.

der Sichtweisen bessere Ergebnisse erzielen kann als einzelne Individuen.[41]

Crowdvoting

Die Crowd wird zu Bewertungen, Abstimmungen, Meinungen oder Empfehlungen animiert. Beispielsweise ruft Amazon seine Kundinnen und Kunden dazu auf, erworbene Produkte mittels eines Five-Star-Ratings zu bewerten und nutzt die Ergebnisse für zukünftige Kaufempfehlungen.[42]

Crowdcreation

Bei Crowdcreation wird die Crowd in die Entwicklung neuer Produkte einbezogen und aufgerufen selbst »produktiv« zu sein, z. B. durch das Generieren von Ideen, Entwickeln von Designs, Anfertigen von Konzepten etc.[43] So lässt LEGO im Rahmen der LEGO Factory seine Kundinnen und Kunden eigene Gebäude, Fahrzeuge, Themen und Charaktere kreieren und verkauft die nutzergestalteten Sets online.[44] Eine Erfolgsgeschichte im Zusammenhang mit Crowdcreation aus der Buchbranche ist der »Zwirbler«. Dabei handelt es sich um einen Facebook-Roman, dessen Erzählstrang durch Kommentare und Nachrichten der Leserinnen oder der Leser im sozialen Netzwerk aktiv beeinflusst werden konnte.[45] Die Crowd wurde so zum aktiven Teilnehmer am inhaltlichen Entstehungsprozess des belletristischen Werkes.[46]

Crowdwisdom

Crowdwisdom folgt dem zentralen Prinzip, dass eine Gruppe von Menschen unter bestimmten Umständen über mehr Wissen verfügt und bessere Ergebnisse erzielen kann als einzelne Individuen.[47] Der

41 Vgl. Leimeister (2012): S. 388.
42 Vgl. Leimeister (2012): S. 389.
43 Vgl. Leimeister (2012): S. 390.
44 Vgl. Osterwalder/Pigneur (2011): S. 76f.
45 Vgl. Letz (2014c): o. S.
46 Vgl. Letz (2014b): o. S.
47 Vgl. Leimeister (2012): S. 388.

Plattform InnoCentive gelingt es, die Crowd bzw. »die Weisheit der Vielen«[48] zur Problemlösung aus den Bereichen Medizin oder Physik einzusetzen.[49] Boeing, DuPont oder Procter & Gamble sind drei der zahlreichen Unternehmen, die ihre naturwissenschaftlichen Probleme auf der Webseite von InnoCentive veröffentlichen und das InnoCentive-Netzwerk mit finanziellen Anreizen animieren, bei deren Bewältigung zu unterstützen.[50]

Crowdfunding

Crowdfunding ist die einzige Variante des Crowdsourcings, die eine finanzielle Beteiligung der Konsumentinnen und Konsumenten beinhaltet, teilweise sogar ohne materielle oder finanzielle Gegenleistung. Verglichen mit Crowdvoting, Crowdcreation und Crowdwisdom hat Crowdfunding den stärksten Einfluss auf die Unternehmen, da es die Produktion bzw. die praktische Umsetzung der unternehmerischen Ideen erst ermöglicht.[51]

2.4 Hauptakteurinnen und -akteure und deren Motivation zur Teilnahme

Das »Crowdfunding-Ökosystem«[52] besteht aus drei Hauptakteuren: den kapitalsuchenden Projektinitiatorinnen und -initiatoren, den Geldgeberinnen und Geldgebern bzw. Investorinnen und Investoren und den Crowdfunding-Plattformen als Intermediäre. Aus Sicht der Projektinitiatorinnen und -initiatoren ist die Umschiffung traditioneller Finanzierungsmethoden eines der grundlegenden Ziele von Crowdfunding, die zahlreichen weiteren Vorteile für alle involvierten Parteien werden im Folgenden dargestellt.[53]

48 Vgl. Sixt (2014): S. 27.
49 Vgl. Letz (2014a): S. 35.
50 Vgl. Howe (2006): S. 3.
51 Vgl. Moisseyev (2013): S. 6.
52 Vgl. Cuesta et al. (2015): S. 1.
53 Vgl. Gerber et al. (2012): S. 2.

2.4.1 Projektinitiatorinnen und -initiatoren

Für die Projektinitiatorinnen und -initiatoren (auch »Creators«[54] genannt) gibt es zahlreiche Gründe, Crowdfunding einzusetzen.

Finanzierung

In erster Linie stellt Crowdfunding eine »alternative, ›demokratische‹ Form der Innovationsfinanzierung«[55] dar, die anstelle traditioneller Finanzierungsmethoden oder auch in Kombination damit eingesetzt werden kann.[56] Crowdfunding ermöglicht es, vergleichsweise rasch und unbürokratisch[57] durch viele kleine Einzelbeträge ausreichend finanzielle Mittel für die Umsetzung der Projekte zu erhalten.[58]

Marketing: die Crowd als Endkundin und Endkunde

Zusätzlich zum Finanzierungsaspekt kann Crowdfunding als Marketinginstrument genutzt werden. Die Crowdfunding-Kampagne ermöglicht es den Initiatorinnen und Initiatoren, auch außerhalb der Plattform mediale Aufmerksamkeit auf ihr Projekt zu lenken. Unbekannte Künstlerinnen und Künstler oder Unternehmen können mit Hilfe von Crowdfunding geplante Produkte, Dienstleistungen oder Ideen potentiellen Endkundinnen und Endkunden vorstellen noch bevor der Produktionsprozess gestartet wird.[59]

Howe formuliert prägnant, dass es für die Entscheidung, welches Produkt hergestellt werden soll, keine besseren als die Konsumentinnen und Konsumenten gibt: »By asking people to place a small financial stake in the careers of musicians and filmmakers, artists are able to appeal directly to the very constituency that will ultimately consume their wares. Would you watch this? Would you listen to this? If so, give me a few bucks to help me make my album/movie. Who better to decide what should be created than the same people who will ultimately consume

54 Vgl. Gerber et al. (2012): S. 1ff.
55 Hemer et al. (2011): S. 8.
56 Vgl. Kreßner (2012): S. 19.
57 Vgl. Kreßner (2012): S. 19.
58 Vgl. Sixt (2014): S. 28.
59 Vgl. Belleflamme et al. (2013b): S. 331.

the product?«[60] Die Crowd wird nicht ausschließlich als Geldgeberin und Geldgeber, sondern als potentielle/r Endkundin und Endkunde wahrgenommen, die/der die Basis des zukünftigen Marktes bietet.[61] Das Ziel ist es, eine langfristige Beziehung zu den Unterstützerinnen und Unterstützern aufzubauen, die weit über den Crowdfunding-Prozess hinausgeht.[62]

Marketing: die Crowd als Multiplikatorin und Multiplikator

Durch die Bewerbung und Weiterempfehlung des Projektes im eigenen Netzwerk dient die Crowd als Multiplikatorin und Multiplikator und damit selbst als Werbeträger für das Crowdfunding-Projekt in ihrer Online-Community. Dessen Erfolg ist nicht mehr von der Zahl anonymer Konsumentinnen und Konsumenten abhängig, sondern von der Zahl der »Prosumenten«, die sich sowohl finanziell als auch durch virtuelle Mund-zu-Mund-Propaganda in den sozialen Netzwerken aktiv für die Sache einsetzen. Die Unterstützung der Crowd führt zu einer erhöhten Aufmerksamkeit für das Crowdfunding-Projekt.[63] Die Reputation der Projektinitiatorin oder des Projektinitiators und deren oder dessen Projekt werden mit dem Ziel gestärkt, sogenanntes »Herdenverhalten« auszulösen: Eine hohe Anzahl bereits investierter Unterstützerinnen und Unterstützer wird von potentiellen Investorinnen und Investoren als positives Signal wahrgenommen. Sie folgen der Herdenmeinung blind und investieren ebenfalls in das Projekt, da sie davon ausgehen, dass andere Investorinnen und Investoren besser informiert sind als sie selbst.[64]

Crowdsourcing: die Crowd als Ideengeberin und Ideengeber

Wird die Crowdfunding-Kampagne mit anderen Elementen des Crowdsourcings kombiniert, kann die Crowd als Ideengeberin und -geber fungieren und das Feedback zur Weiterentwicklung der Projektidee genutzt werden. Belleflamme et al.[65] belegen, dass sich die Geldgeberin und

60 Howe (2008): S. 254.
61 Vgl. Hemet et al. (2012): S. 77.
62 Vgl. Gerber et al. (2012): S. 586.
63 Vgl. Sixt (2014): S. 69.
64 Vgl. Blohm et al. (2014): S. 23f.
65 Vgl. Belleflamme et al. (2013b): S. 313ff.

Geldgeber im Rahmen von Crowdfunding aktiv und kreativ in den Produktionsprozess des Projektes einbringen wollen: »Crowdfunders act as active players in the venture they fund through involvement in the creative process, in the decision making, or in various operating tasks.«[66] Folglich ändert sich die Rolle der Konsumentinnen und Konsumenten, die den kreativen Prozess begleiten wollen, Feedback geben oder sich im Falle einer journalistischen Publikation sogar bei der Auswahl der Themen einbringen, anstelle nur das fertige Magazin zu erwerben. Entwickelt die Crowd die Idee selbst mit und erweckt sie durch ihre finanzielle Beteiligung zum Leben, empfiehlt sie das Crowdfunding-Projekt auch im eigenen Netzwerk weiter und trägt so zu dessen Umsetzung bei.[67] Die Beteiligung der Crowd erhöht außerdem die Wahrscheinlichkeit, dass das fertige Produkt den tatsächlichen Anforderungen und Wünschen der Konsumentinnen und Konsumenten entspricht.[68]

Marktforschung mit Hilfe der Crowd

Crowdfunding kann zum Zweck der Marktforschung eingesetzt werden, da es die Möglichkeit bietet, Produktideen durch die Zielgruppe validieren und das entsprechende Marktpotential abschätzen zu lassen.[69] Durch die Reaktion der Crowd bzw. die Anzahl der Investorinnen und Investoren kann die zukünftige Nachfrage für das Produkt abgeleitet und etwaige Produktadaptierungen noch vor dem Produktionsstart veranlasst werden.[70] Die Resonanz der Community auf eine Projektidee gilt als früher Indikator für dessen Erfolgschancen.[71] Crowdfunding kann in diesem Sinn auch dafür eingesetzt werden, die vorhandene Nachfrage potentieller traditioneller Investorinnen und Investoren zu demonstrieren. Ein Beispiel hierfür ist die Pebble »smart watch«, die ursprünglich von Venture Capital-Gesellschaften abgelehnt wurde und erst nach ihrer erfolgreichen und medial aufmerksam verfolgten Kickstarter-Kampagne eine hohe Finanzierungssumme durch traditio-

66 Belleflamme et al. (2013b): S. 319.
67 Vgl. Kreßner (2012): S. 19.
68 Vgl. Harms (2007): S. 12.
69 Vgl. Belleflamme et al. (2013b): S. 331.
70 Vgl. Gerber et al. (2012): S. 5f.
71 Vgl. Kreßner (2012): S. 19.

nelle Investorinnen und Investoren lukrieren konnte.[72] Umgekehrt ermöglicht ein erfolgloses Crowdfunding-Projekt vergleichsweise rasch und problemlos aufzugeben, ohne zusätzliche finanzielle oder zeitliche Ressourcen investieren zu müssen.[73]

Anerkennung erbrachter Leistungen

Dass die Projektideen auf Crowdfunding-Plattformen in der Regel öffentlich und für jede Internetnutzerin und jeden Internetnutzer sichtbar sind, kann als zusätzliche Motivation für Projektinitiatorinnen und -initiatoren gelten. Die erbrachten Leistungen – vorausgesetzt die Crowdfunding-Kampagne erreicht die erforderliche Finanzierungssumme und wird im Anschluss planmäßig realisiert – werden dem sozialen Umfeld präsentiert und öffentliche Anerkennung ermöglicht.[74]

Distributionskanal

Wird Reward-based-Crowdfunding oder Pre-Ordering eingesetzt, können die Projektinitiatorinnen und -initiatoren die Distribution ihrer Produkte selbst oder über die Crowdfunding-Plattform abwickeln, ohne auf zusätzliche Intermediäre wie Agenturen, Labels oder Verlage angewiesen zu sein.[75] Der weitere Verlauf der Arbeit zeigt, dass Verlage ihr Geschäftsmodell adaptieren und dabei selbst die Rolle der Crowdfunding-Plattformen einnehmen können (siehe Kapitel 5 und 6).

2.4.2 Geldgeberin und Geldgeber

Die Motivation privater Geldgeberinnen und Geldgeber in Crowdfunding-Projekte zu investieren ist vielfältig und Gegenstand zahlreicher Studien.[76] Die Ergebnisse zeigen zusammengefasst sechs Hauptgründe für die finanzielle Beteiligung der auch als »Funders« bezeichneten Unterstützerinnen und Unterstützer.[77]

---

72 Vgl. Mollick (2014): S. 3.
73 Vgl. Mollick (2014): S. 3.
74 Vgl. Redlich/Wulfsberg (2011): S. 155 zit. nach Letz (2014a): S42.
75 Vgl. Moisseyev (2013): S. 10ff.
76 Vgl. Gerber et al. (2012): S. 1ff.; Ordanini et al. (2011): S. 443ff.
77 Gerber et al. (2012): S. 1ff.

Gegenleistung als Anreiz

Finanzielle Prämien (Equity- oder Lending-based-Crowdfunding), einzigartige Dankeschöns (Reward-based-Crowdfunding) oder das Produkt selbst (Pre-Ordering) als Gegenleistung für die finanzielle Unterstützung stellen einen großen Anreiz für die Crowd dar. Ordanini et al. bezeichnen dies im Falle des Equity-based-Crowdfunding als »desire for investment«[78], Gerber et al. als »seek rewards«[79] mit Fokus auf Reward-based- Crowdfunding. Die Freude am Erhalt und der Nutzung des zu entwickelnden Produktes, die Möglichkeit, an exklusiven Veranstaltungen in Zusammenhang mit dem Crowdfunding-Projekt teilzunehmen oder ein Förderzertifikat unterzeichnet durch die Projektinitiatorin oder den Projektinitiator motivieren private Geldgeberinnen und Geldgeber, Crowdfunding-Projekte zu unterstützen.[80]

Erfolg des eigenen Engagements

Der Wunsch privater Investorinnen und Investoren, andere im oder außerhalb des eigenen sozialen Netzwerkes bei der Erreichung ihrer Ziele und Realisierung ihrer Ideen zu unterstützen, wirkt sich ebenfalls positiv auf das Crowdfunding-Projekt aus.[81] Ausschlaggebend ist das Gefühl zumindest bis zu einem gewissen Grad für den Erfolg Anderer verantwortlich zu sein (»desire for patronage«)[82], um so die Kultur- und Kreativlandschaft mitgestalten zu können.[83] Voraussetzung ist, dass sich die Crowdfunder mit den Werten oder Zielen des jeweiligen Projekts identifizieren und mit dem Erfolg des eigenen Engagements zufrieden sein können.[84] Projektinitiatorinnen und -initiatoren müssen daher nicht von Beginn an die betriebswirtschaftliche Rentabilität ihrer Idee nachweisen, sondern die Unterstützerinnen und Unterstützer emotional in das Projekt einbinden.[85]

---

78 Vgl. Ordanini et al. (2011): S. 457.
79 Vgl. Gerber et al. (2012): S. 6.
80 Vgl. Hemer et al. (2011): S. 41.
81 Vgl. Gerber et al. (2012): S. 7.
82 Vgl. Ordanini et al. (2011): S. 456.
83 Vgl. Kreßner (2012): S. 21.
84 Vgl. Krishnamurthy/Tripathi (2009) zit. nach Hemer et al. (2011): S. 41.
85 Vgl. Harzer (2012): S. 28.

Wunsch, Teil einer Community zu sein

Können sich Crowdfunder mit den Inhalten oder dem Hintergrund der unterstützten Idee identifizieren, verspüren sie den Wunsch, Teil der Community bzw. des Netzwerkes der Projektinitiatorin oder des -initiators zu sein. Ordanini et al. bezeichnen dies als »desire for social participation«,[86] Gerber et al. als »engage and contribute to a trusting creative community«[87]. Voraussetzung ist, dass sich die Unterstützerinnen und Unterstützer als Teil der Crowd bzw. der Community identifizieren können und dadurch eine privilegierte Sonderstellung als Konsumentinnen und Konsumenten zugesprochen bekommen.[88] Die Projektinitiatorinnen und -initiatoren müssen daher ausreichend Ressourcen für die Betreuung ihrer Crowd zur Verfügung stellen, um deren Bedürfnis nach Community und Beziehung zu Gleichgesinnten befriedigen zu können.[89] Howe erläutert, dass die so ermöglichten neuen sozialen Kontakte und Interaktionen die Crowd motivieren, in das vorgestellte Projekt zu investieren: »Crowdsourcing capitalizes on the deeply social nature of human species. Contrary to the foreboding, dystopian vision that the internet serves primarily to isolate people from each other, crowdsourcing uses technology to foster unprecedented levels of cooperation.«[90]

Wunsch nach Mitbestimmung

Hand in Hand mit den oben genannten Motivatoren für Geldgeberin und Geldgeber geht deren Wunsch nach Mitbestimmung. Die Rolle der Konsumentinnen und Konsumenten hat sich in den letzten Jahren gravierend gewandelt. Waren sie früher nur Zielobjekt und damit ausschließlich passive Empfängerinnen und Empfänger der Marketingbotschaften und Produkte der Unternehmen, verspüren sie heute den Wunsch, aktiv in der Entwicklung und Gestaltung der Werke zu partizipieren.[91] Crowdfunding stellt damit die nächste Stufe in der

86 Vgl. Ordanini et al. (2011): S. 456.
87 Vgl. Gerber et al. (2012): S. 7.
88 Vgl. Belleflamme et al. (2013a): S. 589.
89 Vgl. Gerber et al. (2012): S. 1.
90 Howe (2008): S14.
91 Vgl. Howe (2008): S. 14.

Evolution der Konsumentinnen und Konsumenten dar.[92] Das Ziel ist der Kontrollgewinn über die Produkterstellung. Insbesondere bei unbefriedigenden bisherigen Leistungsangeboten gibt Crowdsourcing die Möglichkeit ein Produkt überhaupt verfügbar zu machen oder durch Mitbestimmung den eigenen Wünschen entsprechend zu verbessern.[93] Ein Crowdfunding-Projekt aus dem Verlagswesen, das neben der finanziellen auch die inhaltliche Beteiligung der Leserinnen und Leser aktiv gefördert hat, ist Dirk von Gehlens Publikation über die Digitalisierung der Kulturproduktion »Eine neue Version ist verfügbar«. Der deutsche Journalist hat sein Netzwerk nicht nur zur Finanzierung des Werkes genutzt, sondern es direkt in den Entstehungsprozess involviert.[94] Auch bei dem Crowdfunding-Projekt des Hartz IV Möbel-Buches des Berliner Architekten Van Bo Le-Metzel konnte die Online-Community die Finanzierung der Publikation via Startnext sicherstellen und zusätzlich zahlreiche Entscheidungen von der Idee bis zur Gestaltung der Buchseiten beeinflussen.[95]

Aufbau von Reputation

Crowdfunding wird von Seiten der Unterstützerinnen und Unterstützer auch dafür genutzt, die eigene Reputation zu fördern bzw. von der Reputation der Projektinitiatorin oder des -initiators zu profitieren. Das eigene Engagement soll öffentlich sichtbar sein und transparent stattfinden. Ausschlaggebend für den Erfolg eines Crowdfunding-Projektes ist daher die Verknüpfung mit den Sozialen Medien bzw. die namentliche Erwähnung auf einer öffentlichen Liste von Unterstützerinnen und Unterstützern als nicht-finanzielle Gegenleistung.[96]

Relevant wird dieser Faktor vor allem dann, wenn die Crowdfunding-Kampagne mit zusätzlichen Elementen des Crowdsourcings verknüpft wird und die Unterstützerin sowie der Unterstützer damit die Möglichkeit erhalten, ihre eigenen Fähigkeiten unter Beweis zu stellen. Wird der eingereichte Beitrag prämiert oder von der Projektinitiatorin

---

92 Vgl. Ordanini et al. (2011): S. 443.
93 Vgl. Redlich/Wulfsberg (2011): S. 153f. zit. nach Letz (2014): S. 42f.
94 Vgl. von Gehlen (2013): S. 7ff.
95 Vgl. Kreßner (2012): S. 13f.
96 Vgl. Hemer et al. (2011): S. 41.

oder dem -initiator weiterverwendet, steigert das die Motivation der Geldgeberin und des Geldgebers zusätzlich.[97]

Unterhaltungswert

Ein weiterer Grund in Crowdfunding-Projekte zu investieren ist der hedonistische Mehrwert eines Projektes, also der Spaß, der mit dem Engagement an dem Vorhaben und mit der Interaktion mit den Initiatorinnen und Initiatoren verbunden ist.[98]

2.4.3 Crowdfunding-Plattformen

Neben der Projektinitiatorin und dem Projektinitiator sowie der Geldgeberin und dem Geldgeber stellt die Plattform die dritte Hauptakteurin im Crowdfunding-Prozess dar. Diese fungiert als Marktplatz, d. h. als Intermediär zwischen jenen, die Finanzierung für ihre Projektidee benötigen, und den potentiellen Investorinnen und Investoren.[99] Hauptaufgaben sind die Geschäftsanbahnung zwischen Kapitalgeberinnen und -gebern und -nehmerinnen und -nehmern sowie die organisatorische und technische Abwicklung der Crowdfunding-Kampagne. Ordanini et al. bezeichnen Crowdfunding-Plattformen bzw. Unternehmen, die Crowdfunding-Plattformen online stellen als »network orchestrator«[100]: »Firms that organize crowd-funding initiatives serve as a typical »network orchestrator«, in that they do not execute specific activities, but create the necessary organizational systems and conditions for resource integration among other players to take place.«[101] Die Crowdfunding-Plattform dient dem Informationsaustausch über das Projekt, den Projektbeteiligten und den finanziellen Konditionen mit dem Ziel, Informationsasymmetrien zwischen Projektinitiatorinnen und -initiatoren und den Unterstützerinnen und Unterstützern zu überwinden. Der Austausch und die Interaktion werden durch die Möglichkeiten des Web 2.0 inkl. Einbindung und intensiver Nutzung Sozialer Medien wie

97 Vgl. Wißotzki/Gebhardt (2012): S. 56 zit. nach Letz (2014a): S. 43.

98 Vgl. Schultz et al. (2015): S. 952.

99 Vgl. Cuesta et al. (2015): S. 1.

100 Ordanini et al. (2011): S. 458.

101 Ordanini et al. (2011): S. 458.

Twitter, Facebook, LinkedIn etc. gefördert. Auf der Crowdfunding-Plattform werden die Projekte inkl. Businessplan, Höhe der Finanzierungssumme, Anzahl der bisherigen Investorinnen und Investoren und der bisher eingesammelten Summe vorgestellt. Je höher die Transparenz, d. h. je mehr Einblicke die Projektinitiatorinnen und -initiatoren in ihr Projekt gewähren und je mehr diese mit den Unterstützerinnen und Unterstützern agieren, desto stärker das Vertrauen der Investorinnen und Investoren in die Erfolgschancen des Projektes.[102] Die Plattform selbst trägt kein finanzielles Risiko für die Projekte und finanziert sich in der Regel durch erfolgsabhängige Provisionen.[103]

Der Großteil der Crowdfunding-Projekte läuft nach dem »All-or-Nothing-Prinzip«: Wird das von der Crowdfunding-Plattform oder der Projektinitiatorin/dem -initiator festgelegte Mindestvolumen (»threshold«) an Zahlungszusagen (»pledges«) nicht in einer bestimmten Periode erreicht, werden alle zugesprochenen Unterstützungen rückgängig gemacht und das Projekt in Folge nicht umgesetzt.[104] So soll einerseits das Ausführungs- bzw. Auslieferungs-Risiko reduziert[105] und andererseits der Unterstützerin und dem Unterstützer das Gefühl gegeben werden, dass das Crowdfunding-Projekt nur mit seinem Beitrag durchgeführt werden kann.[106]

Zusammengefasst übernehmen Crowdfunding-Plattformen Transformationsfunktionen klassischer Finanzintermediäre: Einerseits werden die Investitionen vieler kleiner Investorinnen und Investoren gebündelt, um den Kapitalbedarf der Projektinitiatorinnen und -initiatoren zu befriedigen (Losgrößentransformation) und andererseits führt die Vorauswahl der Kampagnen unter Berücksichtigung der Geschäftsmodelle, Initiator-Profile etc. zu einer hohen Transparenz bei der Beurteilung der Bonität bzw. Realisierbarkeit eines Projektes (Risikotransformation).[107]

Im Verhältnis zu bestehenden Intermediären existieren für die Geschäftsmodelle der Crowdfunding-Plattformen laut Ordanini et al. drei Möglichkeiten:[108]

---

102 Vgl. Blohm et al. (2015): S. 24.
103 Vgl. Sixt (2014): S. 66.
104 Vgl. Sixt (2014): S. 65.
105 Vgl. Blohm (2015): S. 27f.
106 Vgl. Sixt (2014): S. 66.
107 Vgl. Blohm et al. (2013): S. 27.
108 Vgl. Ordanini et al. (2011): S. 443ff.

Plattform als neuer Intermediär

Die Plattform nimmt die Rolle eines Intermediärs ein, der bisher nicht existiert hat. Als Beispiel kann Kapipal genannt werden; hierbei handelt es sich um eine Plattform, die mittels »consumer-to-consumer-funding« das Sammeln von Spenden für jedes etwaige Projekt ermöglicht, sei es für einen guten Zweck, eine Reise oder ein Geburtstagsgeschenk. Die Idee des »consumer-to-consumer-funding« mittels Crowdfunding-Plattform ist neu, die Plattform ein neuer Intermediär.[109]

Substitut eines traditionellen Intermediärs

Durch die Crowdfunding-Plattform wird ein traditioneller Intermediär substituiert: Die Crowdfunding-Plattform SellaBand schafft es als eine der Pionier-Crowdfunding-Plattformen im Musikbusiness, Bands und deren Fans zusammenzubringen und traditionelle Plattenfirmen zu substituieren.[110] Dieses Schicksal wird teilweise auch traditionellen Verlagen prophezeit, die durch Selfpublishing-Plattformen wie etwa Lulu.com oder auf Bücher spezialisierte Crowdfunding-Plattformen wie z. B. Pentian Konkurrenz bekommen.[111]

Disintermediation

Durch die Crowdfunding-Plattform wird ein bisher relevanter Intermediär bedeutungslos gemacht. Dies betrifft sämtliche traditionelle Venture Kapital-Gesellschaften, die durch Equity-based-Crowdfunding-Plattformen wie etwa SeedInvest nicht mehr Teil der Wertschöpfungskette sind.[112]

2.4.4 Unabhängige Initiativen

Projektinitiatorinnen und -initiatoren haben die Möglichkeit, sich gegen oben dargestellte standardisierte Crowdfunding-Plattformen wie

109 Vgl. Ordanini et al. (2011): S. 477.
110 Vgl. Ordanini et al. (2011): S. 477.
111 Vgl. Osterwalder/Pigneur (2011): S. 75.
112 Vgl. Ordanini et al. (2011): S. 477.

Kickstarter oder dem deutschen Pendant Startnext zu entscheiden und stattdessen eigene individuelle Initiativen zu organisieren. Der Vorteil für Unternehmen liegt in der freien Gestaltung des Crowdfunding-Prozesses entsprechend den individuellen Vorgaben und Wünschen der Zielgruppe. So können u. a. eine größere Zahl an möglichen Gegenleistungen für die Crowd angeboten oder Crowdsourcing-Komponenten, d. h. eine aktive gestalterische Beteiligung der Unterstützerinnen und Unterstützer an dem Produkt selbst, integriert werden. Die direkte inhaltliche oder gestalterische Einbindung der Crowd in die Planung, Produktion oder Bewertung des Projektes erlaubt es Initiatorinnen und Initiatoren, zusätzlich von der Crowdfunding-Kampagne zu profitieren. Als Beispiel kann die südafrikanische Sängerin Verity Price genannt werden, die ihr Album mittels Crowdfunding über ihre eigene Webseite finanziert hat. Über 2000 Crowdfunder beteiligten sich nicht nur finanziell, sondern nutzten die Möglichkeit zur Mitbestimmung bei der Auswahl der Lieder, der grafischen Gestaltung des Album-Covers uvm.[113]

2.5 Erfolgskriterien

Ausschlaggebend für den positiven Abschluss einer Crowdfunding-Kampagne ist ein umfassendes Wissen über die relevanten Erfolgstreiber. Auch wenn man positive Ausreißer der vielfachen Überfinanzierung berücksichtigt, überschreiten erfolgreiche Crowdfunding-Projekte ihre Zielsumme meist nur knapp, während gescheiterte Kampagnen den gewünschten Betrag oft nicht einmal ansatzweise erreichen.[114] Im folgenden Kapitel stehen fünf durch Literaturrecherche[115] identifizierte Erfolgskriterien im Fokus: das Netzwerk der Projektinitiatorin oder des Projektinitiators inkl. der intensiven Nutzung von Social Media, die Qualität des Projektes, die Auswahl der richtigen Plattform und die räumliche Nähe zur Crowd.

113 Vgl. Belleflamme et al. (2013b): S. 313f.

114 Vgl. Mollick (2014): S. 13.

115 Vgl. Agrawal et al. (2011): S. 1ff.; Belleflamme et al. (2013a): S. 1ff.; Belleflamme et al. (2013b): S. 1ff.; Blohm et al. (2015): S. 1ff.; Mollick (2014): S. 1ff.; Moisseyev (2013): S. 1ff.

Netzwerk der Projektinitiatorin und des Projektinitiators

2014 hat Mollick insgesamt 48.526 Crowdfunding-Projekte der Plattform Kickstarter hinsichtlich ihrer Erfolgskriterien analysiert und drei wesentliche Faktoren identifiziert. Neben der Qualität des Projektes und der räumlichen Nähe der Projektinitiatorinnen und -initiatoren zur Crowd – auf die weiter unten noch genauer eingegangen wird – hat er die Größe der Offline- bzw. Online-Community der Projektinitiatorin und des Projektinitiators als ausschlaggebenden Erfolgsfaktor ermittelt. Seine Untersuchungen haben ergeben, dass das Netzwerk des Projektinitiators Einfluss auf den Erfolg der Kampagne hat, da es zum einen als direkte Verbindung zu den Investorinnen und Investoren und zum anderen als positives Signal hinsichtlich der Qualität und der Realisierbarkeit des Projekt fungieren kann.[116] Mollick empfiehlt auf die Verbindung der Crowdfunding-Kampagne mit dem Facebook-Account sogar komplett zu verzichten, falls die Projektinitiatorin und der Projektinitiator nur über eine geringe Anzahl an »Online-Freunden« verfügt.[117]

Familie, Freunde und Fans zählen zu den wichtigsten Unterstützergruppen. Aufgrund ihrer emotionalen oder sozialen Beziehung zur Initiatorin und zum Initiator investieren sie überdurchschnittlich häufig bereits in einer sehr frühen Phase und setzen durch das angesammelte Kapital ein Vertrauenssignal für spätere potentielle Investorinnen und Investoren.[118] Abhängig von der bereits lukrierten finanziellen Summe steigt die Investitionsneigung der Crowd, in Folge entsteht Herdenverhalten der Investorinnen und Investoren zugunsten der Projektinitiatorin und des Projektinitiators. Agrawal et al. zeigen am Beispiel Sellaband, dass Investorinnen und Investoren mehr als doppelt so häufig Projekte unterstützen, die bereits 80 Prozent des Finanzierungsziels erreicht haben, im Vergleich zu jenen, die erst 20 Prozent sammeln konnten.[119] Damit mittels Crowdfunding eine höhere Summe an Finanzmitteln lukriert werden kann, ist die zuvor aufgebaute Community-Basis ausschlaggebend.[120]

116 Mollick (2014): S. 8.
117 Vgl. Mollick (2014): S. 8.
118 Vgl. Agrawal et al. (2013): S. 5.
119 Vgl. Agrawal et al. (2013): S. 4.
120 Vgl. Belleflamme et al. (2013a): S. 587.

Social Media

Um eine Community aufbauen und die Aufmerksamkeit der Crowd auf die Crowdfunding-Kampagne lenken zu können, muss bereits am Beginn der Projektentwicklung die intensive Nutzung Sozialer Medien als wesentlicher Teil des Managementprozesses berücksichtigt werden.[121] Das Ziel ist es, die Crowd emotional an das Projekt zu binden, damit diese nicht nur als Geldgeberin und Geldgeber und Endkundin und Endkunde, sondern auch als Multiplikatorin und Multiplikator fungiert. Um dies zu erreichen, ist die regelmäßige Kommunikation mit der Crowd Bedingung. Dazu zählen sowohl regelmäßige Updates über den Projektfortschritt mit Hilfe von Social Media als auch Videos, Hintergrund-Informationen über die Initiatorin und den Initiator und weitere Details zu dem Projekt auf der genutzten Crowdfunding-Plattform.[122] Die Erfolgschance des Projektes ist umso größer, je aktiver und innovativer die Projektinhaberin und der Projektinhaber mit den Sozialen Medien umgehen.[123]

Bei der permanenten Interaktion mit der Crowd ist die aktive Einladung zur Mitgestaltung wesentlich. Der Wunsch der Kundinnen und Kunden nach Mitbestimmung und Partizipation kann von der Projektiniatorin und dem Projektinitiator zur Verbesserung oder Weiterentwicklung des Projektes entsprechend den Vorstellungen der Endkundinnen und Endkunden genutzt werden.[124] Die Vorab-Erstellung eines Kommunikations- und Bewerbungsplanes hilft dabei, ausreichend Ressourcen für die Betreuung der Crowd via Social Media zur Verfügung zu stellen und durch gutes Timing dem »bystander effect«[125] (»Zuschauereffekt«) vorzubeugen: Hat ein Projekt nach der Hälfte der Crowdfunding-Periode bereits einen hohen Teil der erforderlichen Summe lukriert, verringert sich die Investitionsneigung der Crowd. Die eigene Investition erscheint für die Zielerreichung der Crowdfunding-Kampagne nicht mehr erforderlich, das oben beschriebene Verlangen der Geldgeberinnen und Geldgeber nach »Erfolg des eigenen Engagements« nicht mehr entsprechend befriedigt.[126]

121 Vgl. Belleflamme et al. (2013a): S. 587.
122 Vgl. Sixt (2014): S. 71.
123 Vgl. Sixt (2014): S. 62.
124 Vgl. Sixt (2014): S. 62.
125 Agrawal et al. (2013): S. 5.
126 Vgl. Agrawal et al. (2013): S. 5.

Bei der Durchführung einer Crowdfunding-Kampagne gelten »Likes« als »harte Währung«:[127] Moisseyev stellt in seiner 2013 durchgeführten Untersuchung die enge Beziehung zwischen den virtuellen Unterstützungszeichen auf Social Media-Seiten und dem Erfolg des Crowdfunding-Projektes dar. Die Anzahl der »Likes« hat demnach Auswirkungen auf das Erreichen des Finanzierungsziels, die Höhe der insgesamt eingesammelten Geldsumme und die Anzahl der Unterstützerinnen und Unterstützer. Moisseyev nennt dabei auch eine konkrete Zahl, die Projektinitiatorinnen und -initiatoren als Maßstab für die Erfolgschancen des Projektes dienen soll: 546 »Likes« können ausreichend sein, die Crowdfunding-Kampagne positiv abzuschließen.[128]

Räumliche Nähe

Einer der Vorteile von webbasiertem Crowdfunding ist die große Reichweite und die hohe Anzahl an Investorinnen und Investoren, denen das Projekt dadurch vorgestellt werden kann. Die durchschnittliche Distanz zwischen Künstlerinnen und Künstlern und Investorinnen und Investoren auf der Crowdfunding-Plattform Sellaband liegt bei ca. 4800 Kilometern, was eine geringe Bedeutung der räumlichen Nähe vermuten lässt. Durch das oben beschriebene Gewicht der Familie sowie Freundinnen und Freunde in der Frühphasenfinanzierung, spielt der geographische Aufenthaltsort der involvierten Akteure aber eine wichtige Rolle. Bedingt durch die persönliche Beziehung zur Projektinitiatorin und zum Projektinitiator investieren ortsansässige Geldgeberinnen und Geldgeber verhältnismäßig früh und unbeeindruckt durch die Entscheidungen anderen Investorinnen und Investoren in die Kampagne.[129]

Eine weitere geographische Komponente ist bei Crowdfunding-Projekten ausschlaggebend, die gewisse kulturelle Eigenheiten einer spezifischen geographischen Region widerspiegeln. So werden beispielsweise in Nashville, Tennessee, hauptsächlich Crowdfunding-Projekte im Zusammenhang mit Country-Musik finanziert und umgesetzt.[130] Die Folge ist der Trend zur Regionalisierung der Crowdfunding-Plattformen,

127 Vgl. Moisseyev (2013): S. 1ff.
128 Vgl. Moisseyev (2013): S. 30.
129 Vgl. Agrawal et al. (2011): S. 1ff.
130 Mollick (2014): S. 2.

wie z. B. die ausschließlich für Projekte in Hamburg nutzbare Plattform Nordstarter.[131]

Qualität

Im Gegensatz zu den von Crowdfunding-Gegnern postulierten Bedenken, dass die Qualität des Projektes für die Schwarmfinanzierung nicht relevant ist, unterstreicht Mollick in seiner Studie den Qualitätsfaktor als wesentliches Erfolgskriterium.[132] Wie auch bei anderen Finanzierungsarten (z. B. Venture Capital oder Business Angels) führen die potentiellen Geldgeberin und Geldgeber eine Evaluierung der Projekte und des dahinterstehenden Teams sowie eine generelle Erfolgseinschätzung durch. Handelt es sich bei dem Projekt um eine gut geplante Kampagne für ein qualitativ hochwertiges Produkt ist der erfolgreiche Abschluss der Crowdfunding-Kampagne möglich. Erneut spielt der Multiplikatoreffekt eine Rolle: Qualitativ hochwertige Projekte ziehen eine größere Anzahl an Unterstützerinnen und Unterstützern an, die das Projekt wiederum anderen potentiellen Investorinnen und Investoren empfehlen und damit die Reichweite der Kampagne steigern.[133] Zu den identifizierten Qualitätsmerkmalen der Kampagne zählen drei Bereiche, die unter der Bezeichnung »signals of preparedness«[134] zusammengefasst werden. Erstens muss entsprechend den Empfehlungen von Kickstarter bei der Projektbeschreibung ein Video integriert sein, zweitens innerhalb kurzer Zeit nach Start der Kampagne erste Projektupdates geliefert und drittens auf korrekte Rechtschreibung und Grammatik geachtet werden.[135] Ein weiteres Merkmal, das hohe Qualität der Kampagne und Seriosität der Projektinitiatorin und des Projektinitiators signalisiert, ist Transparenz. Mit dem Projekt im Zusammenhang stehende Informationen inkl. der aktuellen Anzahl der Investorinnen und Investoren, der Höhe des bisher gesammelten Betrages und eine Auflistung der Projekte, in der die Geldgeberin und der Geldgeber zuvor bereits investiert haben, müssen der Crowd zur Verfügung stehen.[136]

131 Vgl. Kern (2014): S. 6.
132 Vgl. Mollick (2014): S. 1ff.
133 Vgl. Mollick (2014): S. 6.
134 Mollick (2014): S. 8.
135 Vgl. Mollick (2014): S. 8.
136 Vgl. Belleflamme et al. (2013a): S. 590.

Plattform

Die Auswahl der richtigen Plattform hat sich als erfolgsrelevant für das Crowdfunding-Projekt herauskristallisiert. Dies betrifft u. a. das eingesetzte Crowdfunding-Modell: Ob Reward-, Donation-, Equity- oder Lending-based-Crowdfunding genutzt werden soll, hängt sowohl von der Höhe der erforderlichen Finanzierungssumme als auch von der grundlegenden Art des Projektes ab. Gemeinnützig oder altruistisch angelegte Projekte sind am ehesten für die Donation-based-Variante geeignet, während sich kommerzielle Vorhaben für Instrumente anbieten, die einen monetären oder materiellen Gegenwert erwarten lassen.[137] Die Tabelle auf Seite 36 zeigt eine Zuordnung der möglichen Crowdfunding-Instrumente dem »gesellschaftlichen Zweck« des Projektes (gemeinnützig, kommerziell oder Mischform) bzw. der »organisatorischen Einbettung« (unabhängige private Initiative, in ein Unternehmen eingebettetes Vorhaben oder Start-up).

Handelt es sich beispielsweise um eine Publikation, die ein Verlag mittels Crowdfunding finanzieren möchte (eingebettet, kommerziell), sind entsprechend obiger Tabelle die Instrumente Vorfinanzierung (Pre-Selling), Lending-based-Crowdfunding (verzinsliche Darlehen) oder Equity-based-Crowdfunding (Darlehen mit Gewinnbeteiligung) sinnvoll.

Die aktuell populären Crowdfunding-Plattformen sind hinsichtlich des Modells stark spezialisiert. Nur wenige bieten Reward-, Donation-, Lending- oder Equity-based-Crowdfunding gleichzeitig an oder überlassen die Entscheidung der Unterstützerin oder dem Unterstützer, in welcher Form sie oder er in das Projekt investieren will.[138]

Darüber hinaus ist die Höhe der erforderlichen Finanzierungssumme für die Auswahl der geeigneten Plattform entscheidend. Bei einem im Vergleich zur Größe des Marktes geringen Bedarf an Finanzmittel ist ein Belohnungs- oder Schenkungsprinzip am sinnvollsten, im gegenteiligen Fall bieten sich Darlehen bzw. Gewinnbeteiligungen an.[139]

Bei den Crowdfunding-Plattformen lassen sich aktuell zwei Trends beobachten. Einerseits die Spezialisierung auf Themen – beispielsweise

137 Vgl. Blohm et al. (2013): S. 22.
138 Vgl. Sixt (2014): S. 68.
139 Vgl. Blohm et al. (2013): S. 21; Belleflamme et al. (2013a): S. 585.

Organisatorische Einbettung	Gesellschaftlicher Zweck: *Gemeinnützig*	*Mischform*	*Kommerziell*
Unabhängige Initiative	Spenden, Sponsoring, (Niedrigzins-) Darlehen	Spenden, Sponsoring, Pre-Selling, Darlehen	Pre-Selling, verzinsliche Darlehen, Darlehen mit Gewinnbeteiligung, Equity
Eingebettet	Spenden, Sponsoring, Darlehen	Spenden, Sponsoring, Darlehen	Pre-Selling, verzinsliche Darlehen, Darlehen mit Gewinnbeteiligung
Start-up	Spenden, Sponsoring, Darlehen	Spenden, Sponsoring, verzinsliche Darlehen, Darlehen mit Gewinnbeteiligung, Equity	Pre-Selling, verzinsliche Darlehen, Darlehen mit Gewinnbeteiligung, Equity

Tabelle 2: Zuordnung von Crowdfunding-Instrumenten (vgl. Hemer et al. (2011), S. 39).

100Fans zur Finanzierung von Büchern oder ScienceStarter für Projekte aus Wissenschaft und Forschung – und andererseits die Regionalisierung.[140] Eine regionale Plattform mit örtlichem Fokus ist beispielsweise das Berlin-Portal der Spenden-Plattform betterplace.org. Hier werden soziale Projekt aus Berlin vorgestellt und die Hauptzielgruppe der Berlinerinnen und Berliner zur Unterstützung aufgerufen.[141] Blohm et al. empfehlen für die erfolgreiche Durchführung einer Crowdfunding-Kampagne eine Plattform auszuwählen, die mit dem eigenen Projekt vergleichbare anbietet.[142]

140 Vgl. Kern (2014): S. 6.

141 Vgl. Sixt (2014): S. 68.

142 Vgl. Blohm et al. (2013): S. 21.

2.6 Herausforderungen

Crowdfunding steht als alternative Finanzierungsform erst am Anfang seiner Entwicklung. Zahlreiche Schwachstellen verhindern derzeit noch eine breitere Akzeptanz in der Gesellschaft.[143] Damit eine optimale Vorbereitung auf die klassischen Herausforderungen und Risiken möglich ist, stehen im Folgenden die relevantesten Schwachstellen aus Sicht der Projektinitiatorinnen und -initiatoren, Geldgeberinnen und Geldgeber und Unternehmen im Fokus.

Herausforderungen für Projektinitiatorinnen und Projektinitiatoren

Eines der Hauptprobleme aus Sicht der Projektinitiatorinnen und Projektinitiatoren sind die zeitlichen, personellen und finanziellen Ressourcen, die eine Crowdfunding-Kampagne erfordert. Der Aufwand, der durch die Finanzierungskampagne inkl. Marketing und Öffentlichkeitsarbeit sowie das ununterbrochene Investorenmanagement entsteht, wird oft unterschätzt. Verstärkt wird dieser Faktor durch die im Vergleich mit anderen traditionellen Finanzierungsformen ungleich höhere Anzahl an Investorinnen und Investoren, die zwar jeweils nur einen kleinen Beitrag leisten, aber regelmäßige Projektupdates sowie das Recht auf Mitgestaltung und Interaktion mit den Projektinitiatorinnen und -initiatoren erwarten. Bei der Kickstarter-Kampagne für die Pebble Watch beispielsweise wurden 34 detaillierte Projektupdates online gestellt, die insgesamt 14.000 Kommentare aus der Kickstarter-Community zur Folge hatten. Auch wenn diese intensive Interaktion konstruktives Feedback durch die Crowd zur Folge haben kann, bedeutet dies eine Verschiebung der vorhandenen zeitlichen und finanziellen Ressourcen von der tatsächlichen Umsetzung des Projektes zur Betreuung der Community. Um die Rund-um-die-Uhr-Betreuung der Kampagne gewährleisten zu können, sind eine detaillierte Vorab-Planung und ein motiviertes Team Voraussetzung.[144]

Das zweite Risiko aus Sicht der Projektinitiatorinnen und Projektinitiatoren ist die erforderliche Offenlegungspflicht. Während traditi-

143 Vgl. Sixt (2014): S. 14.
144 Vgl. Agrawal et al. (2013): S. 17.

onelle Formen der Finanzierung es erlauben, die Produktidee bis zur Fertigstellung bzw. dem möglichen Verkauf vor der allgemeinen Öffentlichkeit und potentiellen Konkurrentinnen und Konkurrenten geheim zu halten, müssen bei Crowdfunding von Beginn an zahlreiche Informationen detailliert preisgegeben werden. Die Gefahr, dass das zu finanzierende Crowdfunding-Projekt ganz oder teilweise durch Wettbewerber imitiert wird, ist gegeben.[145]

Ein weiterer Nachteil aufgrund der Finanzierung durch die Crowd können Opportunitätskosten durch den Verzicht auf professionelle Investorinnen und Investoren sein, da letztere die Unternehmen in der Regel zusätzlich durch Branchenkenntnis und Geschäftsverbindungen unterstützen.[146]

Herausforderungen für Geldgeberin und Geldgeber

Agrawal et al.[147] stellen im Gegensatz zu Mollick[148] fest, dass die Crowdfunding-Projekte durch die Investorinnen und Investoren oftmals keiner genauen Due Diligence unterzogen werden, da der investierte Betrag in der Regel klein ist. Man verlässt sich auf die Investitionsentscheidungen anderer und folgt diesen ohne die Hintergründe der Kampagne, die Projektinitiatorinnen und -initiatoren oder die Realisierbarkeit der Produktidee zu überprüfen. Betrug mittels Scheinprojekten kann die Folge sein, da es mit gewisser krimineller Energie relativ einfach ist, durch falsche Informationen real wirkende Crowdfunding-Kampagnen zu erstellen und die gesammelten Gelder zu veruntreuen.[149] Durch das 2015 beschlossene Alternativfinanzierungsgesetz wurden in Österreich für die Crowdfunding-Varianten mit monetärem Rückfluss (Equity-based- bzw. Lending-based-Crowdfunding) einheitliche Mindestinformations- und Veröffentlichungspflichten eingeführt und so dem Missbrauch der Schwarmfinanzierung für kriminelle Zwecke vorgebeugt.[150]

Auch wenn keine betrügerischen Absichten dahinter stecken, ist die tatsächliche Umsetzung oder termingerechte Fertigstellung des Pro-

145 Vgl. Agrawal et al. (2013): S. 16.
146 Vgl. Agrawal et al. (2013): S. 17; Benesch/Schuch (2013): S. 60.
147 Vgl. Agrawal et al. (2013): S. 19.
148 Vgl. Mollick (2014): S. 6.
149 Vgl. Agrawal et al. (2013): S. 19.
150 Vgl. Bundeskanzleramt Österreich (2015): o. S.

jektes trotz Erreichung der erforderlichen Finanzierungssumme nicht gewährleistet. Die Gründe können z. B. bei vor allem technischen Projekten, die eine Hardware-Komponente beinhalten, in der fehlenden Produktionserfahrung oder Inkompetenz der Projektinitiatorinnen und -initiatoren liegen. Aber auch bei anderen Instrumenten der Frühphasenfinanzierung ist der komplette Ausschluss eines Projektrisikos grundsätzlich nicht möglich.[151]

Herausforderungen für Unternehmen

Möchte ein Unternehmen Crowdfunding einsetzen, sind die Planung, Steuerung, Durchführung und Kontrolle des Prozesses zentrale Herausforderungen. Ein starker Anstieg an Koordinationsaufwänden und die Einführung eines Qualitätsmanagements zur Vorauswahl der Projekte bzw. Begutachtung der Beiträge und Kommentare der Crowd sind die Folgen. Erfolgskritisch sind die Einbettung der Crowdfunding- bzw. Crowdsourcing-Aktivitäten in bestehende Organisationsabläufe und Unternehmenskulturen, die Schaffung geeigneter organisatorischer Rahmenbedingungen und Bereitstellung ausreichender finanzieller und personeller Ressourcen für die Betreuung der Crowd, das Management der Intermediäre bzw. der eigenen Crowdfunding-Plattform.[152] In Bezug auf die Technik ist auf die Auswahl geeigneter Instrumente zu achten, die mit den im Unternehmen bestehenden Technologien kompatibel sind.[153]

Ein Problem, das alle im Crowdfunding-Prozess beteiligten Akteurinnen und Akteure betrifft, stellte lange Zeit die fehlende rechtliche Regulierung dar. Mit dem Alternativfinanzierungsgesetz wurde in Österreich 2015 eine gesetzliche Grundlage für Equity-based- bzw. Lending-based- Crowdfunding geschaffen. Teile des Gesetzes sind die Neuregelung der Prospektpflicht inkl. der Einführung einer eingeschränkten Informationspflicht für Projektinitiatorinnen und -initiatoren und ein Rücktrittsrecht für Anlegerinnen und Anleger. Crowdfunding-Plattformen, die den Geldgeberinnen und Geldgebern einen monetären Rückfluss in Aussicht stellen, dürfen nur noch mit einer Konzession der

151 Vgl. Agrawal et al. (2013): S. 18f.
152 Vgl. Leimeister (2012): S. 388.
153 Vgl. Leimeister (2012): S. 391.

Finanzmarktaufsicht oder mit einer Gewerbeberechtigung für Vermögensberaterinnen und -berater betrieben werden.[154] Bereits 2012 wurden in den USA ähnliche Regelungen, die die Crowdfunding-Finanzierung vereinfachen sollen, durch den JOBS Act (Jumpstart Our Business Startups Act) umgesetzt.[155]

154 Vgl. Bundeskanzleramt Österreich (2015): o. S.
155 Vgl. The White House (2012): o. S.

3. Verlage

Das deutschsprachige bzw. internationale Verlagswesen durchlebt seit Jahren einen kontinuierlichen Veränderungsprozess. Die Digitalisierung, das neue Mediennutzungsverhalten der Leserinnen und Leser und der starke Wettbewerb aus anderen Branchen zwingen Verlage, die klassische Produktpalette durch alternative Erlösquellen zu erweitern.[156] Insgesamt schloss die deutsche Buchbranche 2014 mit einem Umsatzminus von 2,2 Prozent ab. Die Einnahmen auf dem gesamten Buchmarkt in Deutschland sind von 9,54 auf 9,32 Milliarden Euro gefallen, während der Umsatz mit E-Books am Publikumsmarkt um 7,6 Prozent gestiegen ist. »Elektronische Lektüre hat sich auf dem Markt etabliert, aber sie dominiert ihn nicht«, so lautet das Fazit des Börsenvereins des Deutschen Buchhandels zur Entwicklung des digitalen Buchgeschäftes in Deutschland im Jahr 2014.[157] Laut dem Börsenverein des Deutschen Buchhandels zeigen die drei Verlagsbeispiele Gräfe und Unzer, Carlsen und Bastei Lübbe, dass deutsche Publikumsverlage ihre Geschäftsmodelle weiterentwickeln und sowohl über gedruckte als auch digitale Buchprogramme hinausdenken: »Ratgeberspezialist Gräfe und Unzer schneidet sechs Apps [...] auf die Smartwatch von Apple zu. Der Carlsen Verlag hat die multimediale Bibliothek LeYo! gestartet, bei der Kinder ab drei Jahren mittels kostenloser App jedes LeYo!-Buch akustisch, visuell und spielerisch auf dem Tablet oder Smartphone erkunden können. Und die Kölner Bastei Lübbe AG, die 2017 das neue Buch von Ken Follett herausbringen wird, hat sich darüber hinaus die Weltrechte für das Computerspiel zu Folletts Bestseller ›Die Säulen der Erde‹ gesichert.«[158] Insgesamt verzeichneten die Verlage 2014 ein Umsatzminus von 0,4 Prozent, während die Einnahmen aus Online-Diensten um 8,8 Prozent gestiegen sind.[159]

---

156 Vgl. Henzler/Kern (2014): S. 16ff.
157 Vgl. Börsenverein des Deutschen Buchhandels e.V. (2015): S. 5ff.
158 Börsenverein des Deutschen Buchhandels e.V. (2015): S. 49f.
159 Vgl. Börsenverein des Deutschen Buchhandels e.V. (2015): S. 50.

Wie die Wertschöpfungskette eines traditionellen Verlages gestaltet ist, welche aktuellen Herausforderungen und Trends darauf Auswirkungen haben und welche strategischen Unterschiede zwischen den Geschäftsmodellen von Publikums- und Fachverlagen bestehen, steht im Fokus des folgenden Kapitels.

3.1 Traditionelle Wertschöpfungskette eines Verlages

Unter dem Begriff der Wertschöpfung werden die von einer Wirtschaftseinheit geschaffenen Werte abzüglich der von ihr verzehrten Werte verstanden, d. h. die Differenz zwischen Output (Leistung) und Input (Vorleistung).[160] Das Verlagswesen verfügt über eine historisch gewachsene Wertschöpfungsstruktur, die in der folgenden Grafik als Teil des klassischen Wertschöpfungssystems der Buchbranche abgebildet wird.

Am Beginn der Wertschöpfungskette steht die kreative Erschaffung eines Buchinhaltes durch die Autorin oder den Autor. Dies geschieht auf dessen oder deren Eigeninitiative hin oder aufgrund der Beauftragung durch einen Verlag. Die darauf folgenden Wertschöpfungstätigkeiten werden von Verlagen ausgeführt: Beschaffung und Entdeckung potenzieller Buchinhalte bzw. Autorinnen und Autoren, die Bewertung, Bearbeitung und Bündelung durch Lektorinnen und Lektoren und die Akquise bzw. der Verkauf von Rechten wie z. B. für Filmproduktionen und Übersetzungen. Der nächste Schritt der Vervielfältigung erfolgt meist von eigenständigen Druckereien, teilweise auch innerhalb von Verlagen. Die Distribution des Werkes passiert in der darauf folgenden Wertschöpfungsaktivität durch Direktvertrieb der Verlage oder über den Handel inkl. Barsortiment und Bucheinzelhandel.[161] Am Ende der Wertschöpfungskette steht die Leserin oder der Leser. Je höher der von ihr oder ihm wahrgenommene Nutzen, desto höher die Zahlungsbereitschaft und desto höher die Wertschöpfung – abhängig vom notwendigen Input.[162]

3.2 Publikums- und Fachverlag

Laut dem Börsenverein des Deutschen Buchhandels wird unter dem

160 Vgl. Gläser (2014): S. 347.
161 Vgl. Janello (2010): S. 58ff.
162 Vgl. Gläser (2014): S. 351.

Begriff »Publikumsverlag« Belletristik- und Sachbuchverlage mit den Programmschwerpunkten Literatur und erzählendes Sachbuch verstanden. Im Gegensatz zu Fach- oder Wissenschaftsverlagen ist die Zielgruppe der Publikumsverlage heterogen.[163] Die Belletristik ist die umsatzstärkste Warengruppe für den deutschsprachigen Buchmarkt. Auch wenn das Jahr 2014 ein Umsatzminus von 6,7 Prozent gebracht hat, spielt die Belletristik mit einem Anteil von 32,4 Prozent weiterhin die Hauptrolle im Gesamtumsatz der Branche. Die Warengruppe Sachbuch war 2014 mit einem Umsatzplus von 5,4 Prozent für 10,1 Prozent Umsatzanteil verantwortlich, statt 9,4 Prozent 2013. E-Books steuern 2014 insgesamt 4,3 Prozent zum Buchumsatz am Publikumsmarkt bei, 2013 waren es nur 3,9 Prozent. Während sich E-Books demnach zwar im Buchmarkt etabliert haben, sinkt das Preisniveau der erworbenen Titel. Verantwortlich dafür sind laut Börsenverein des Deutschen Buchhandels die kostengünstigen oder kostenlosen Selfpublishing-Titel, gratis E-Books mit gemeinfreien Klassikern, aber auch die neuen Abo-Modelle von Plattformen wie Skoobe und Amazon (Kinde Unlimited).[164]

Im Gegensatz zu Publikumsverlagen konzentrieren sich Fachverlage auf den speziellen Informationsbedarf einer einzelnen Berufsgruppe. Charakteristisch ist die Spezialisierung auf einen klar definierten Fachbereich und homogenen Rezipientinnen- und Rezipientenkreis.[165] Neben Fachbüchern stehen meist Fachzeitschriften, Seminare sowie die Ausweitung des Kerngeschäftes mit Hilfe digitaler Medien im Zentrum ihrer Aktivitäten. Umsatzmäßig befinden sich Fachverlage in Deutschland seit Jahren im Aufwärtstrend. Auch für 2014 meldet die Branche eine Umsatzsteigerung von 1,3 Prozent, die vor allem vom digitalen Geschäft getragen wurde. Während Fachzeitschriften nach wie vor das Kerngeschäft der Verlage bilden, sind die Vertriebserlöse für elektronische Medien der stärkste Wachstumstreiber. Mit um 8,2 Prozent höheren Einnahmen tragen die digitalen Angebote mittlerweile 18,6 Prozent zum Gesamtumsatz der Fachverlage bei und haben damit Fachbücher und Loseblattwerke zum ersten Mal überholt. Der Rezipientinnen- und Rezipientenkreis der Fachverlage ist offen für

163 Vgl. Börsenverein des Deutschen Buchhandels (o. J.a): o. S.
164 Vgl. Börsenverein des Deutschen Buchhandels (2015): S. 17ff.
165 Vgl. Börsenverein des Deutschen Buchhandels (o. J.b): o. S.

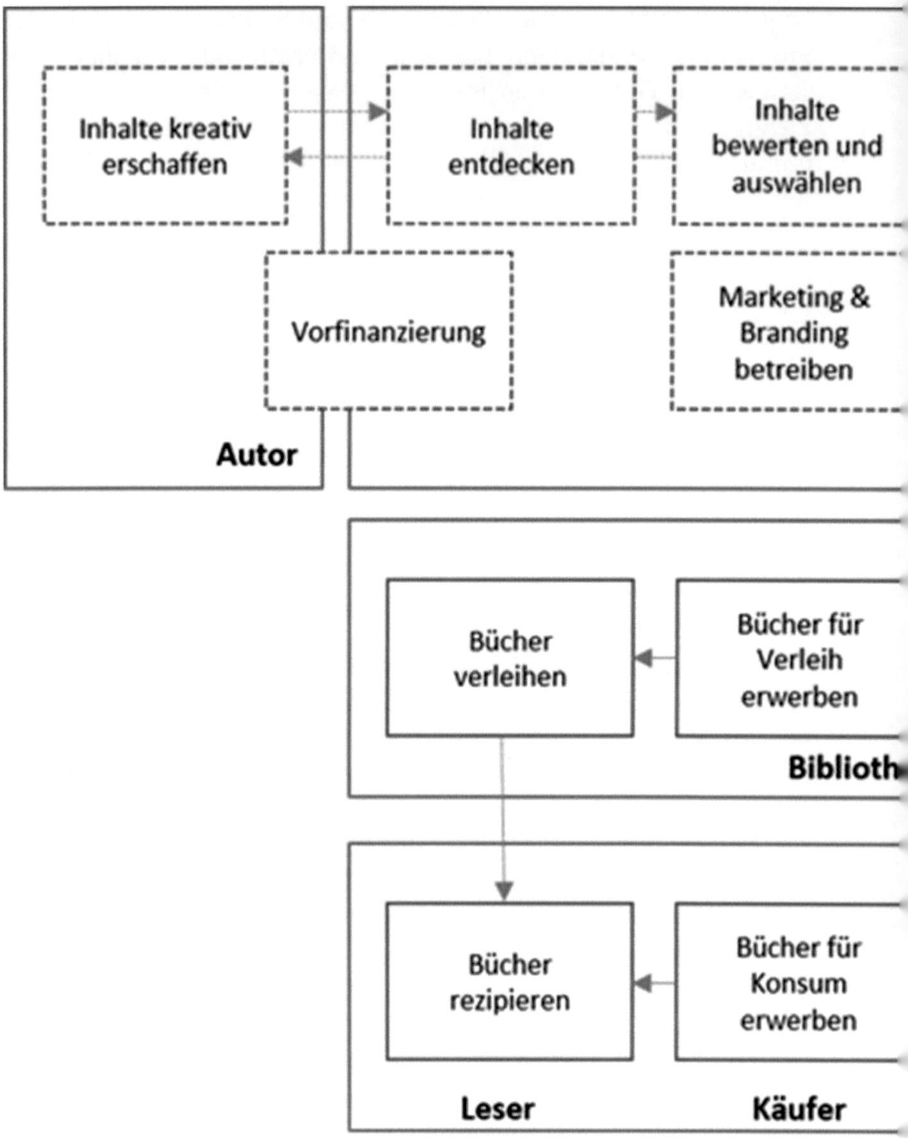
Inhalte kreativ erschaffen
Inhalte entdecken
Inhalte bewerten und auswählen
Vorfinanzierung
Marketing & Branding betreiben
Autor
Bücher verleihen
Bücher für Verleih erwerben
Biblioth
Bücher rezipieren
Bücher für Konsum erwerben
Leser
Käufer

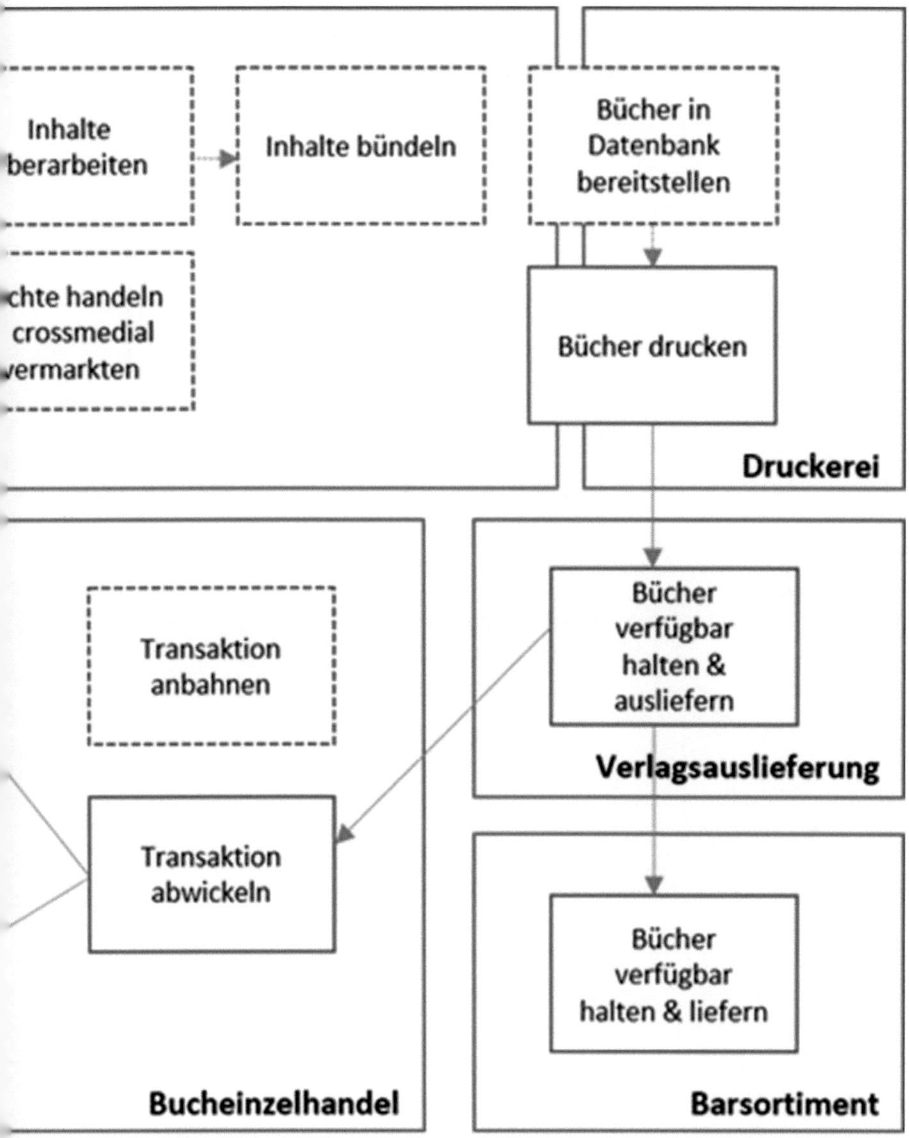

Abbildung 1: Klassisches Wertschöpfungssystem der Buchbranche (Janello (2010), S. 58).

Abbildung 2: Geschäftsmodell eines Fachverlages (eigene Darstellung, vgl. Wirtz (2013c), S. 227; S. 283).

neue Medien und Geschäftsmodelle, sofern deren Zusatznutzen klar ersichtlich ist.[166]

Fachverlage verfügen im Gegensatz zu Publikumsverlagen über eine Besonderheit, die für das Geschäftsmodell Crowdfunding wesentlich ist: die Nähe zur Zielgruppe. Da Leserinnen und Leser gleichzeitig Autorinnen und Autoren, Vortragende und Besucherinnen und Besucher der Seminare des Fachverlages sein können und vielfach eine Beziehung durch

166 Vgl. Börsenverein des Deutschen Buchhandels (2015): S. 118.

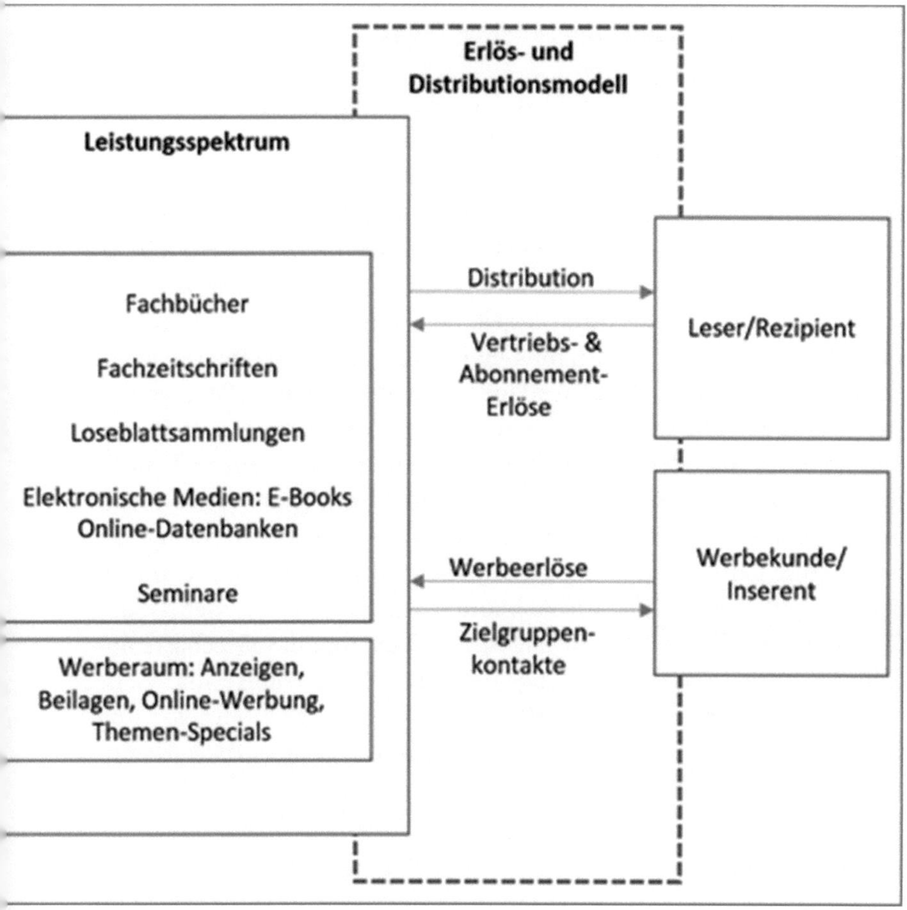

ein Abonnement der Fachzeitschriften besteht, ist der Verlag als Partner bekannt und akzeptiert. Fachverlage verfügen durch den Direktvertrieb ohne Umweg via Groß- oder Einzelhandel nicht nur über die Adressen ihrer Kundinnen und Kunden, sondern können durch die Analyse vergangener Käufe Informationen über Interessen und beruflichen Weiterbildungsbedarf der Zielgruppen ablesen. Kundinnen und Kunden bereits in den Produktentwicklungsprozess einzubeziehen und gemeinsam maßgeschneiderte Produkte zu entwickeln, ist für einen Fachverlag daher grundsätzlich einfacher bzw. ohne zusätzliche Marktforschungskosten zu bewerkstelligen als für einen Publikumsverlag mit heterogener Zielgruppe.[167]

167 Vgl. Ammon/Brem (2014): S. 341f.

3.2.1 Geschäftsmodell eines Fachverlages

Das Geschäftsmodell eines Fachverlages ist durch die Veröffentlichung ausgewählter Manuskripte im Buchbereich bzw. die redaktionelle Erstellung eigener und Sichtung fremderstellter Inhalte im Zeitschriftenbereich geprägt. Im Unterschied zum Geschäftsmodell eines Publikumsverlages werden die Publikationen des Fachverlages meist in niedrigerer Auflage verlegt und zusätzliche Gewinne durch Abonnementmodelle der Zeitschriften erzielt. Neben Autorinnen und Autoren sowie Leserinnen und Lesern müssen Inserentinnen und Interessenten als dritte Zielgruppe der Fachverlage betrachtet werden. Diese werden durch den Verkauf von Werberaum in Form von Anzeigen, Beilagen, Online-Werbung oder die Integration in Themen-Specials bedient.[168] Im Hinblick auf die Finanzierung der Produktionskosten ist bei Fach- bzw. Wissenschaftsverlagen im Gegensatz zu Publikumsverlagen die Beteiligung der Autorinnen und Autoren an den Druckkosten zumindest in Deutschland üblich.[169] Abbildung 2 zeigt zusammengefasst das Geschäftsmodell eines Fachverlages. Die Elemente des Geschäftsmodells »Kosten- und Beschaffungsmodell«, »Produktions- und Leistungserstellungsprozess«, »Leistungsspektrum« und »Erlös- und Distributionsmodell« entsprechen der Terminologie der Geschäftsmodell-Theorie nach Wirtz und werden im Kapitel 4.2.1 näher erläutert.

3.3 Aktuelle Herausforderungen im Verlagswesen

Verlage stehen aufgrund der Digitalisierung vor vier Herausforderungen, die wesentliche Auswirkungen auf die traditionelle Wertschöpfungskette der Verlage haben können: Neue Technologien, die neue Kundenbedürfnisse erzeugen, neue Wettbewerber zur Folge haben und neue Geschäftsmodelle notwendig machen.[170] Für die Entwicklung von Crowdsourcing werden als wesentliche Treiber vor allem die technologischen Neuerungen und die veränderten Kundenbedürfnisse verstanden.[171] Die folgende Abbildung zeigt die Herausforderungen im

168 Vgl. Wirtz (2013c): S. 227ff.
169 Vgl. Pörtzgen (2014): o. S.
170 Vgl. Clement et al. (2009): S. 15.
171 Vgl. Wißotzki/Gebhard (2012): S. 12 zit. nach Letz (2014a): S. 40.

Verlagswesen im Überblick, die Clement et al. als »Circulus Virtuosus der Herausforderungen« bezeichnet.[172]

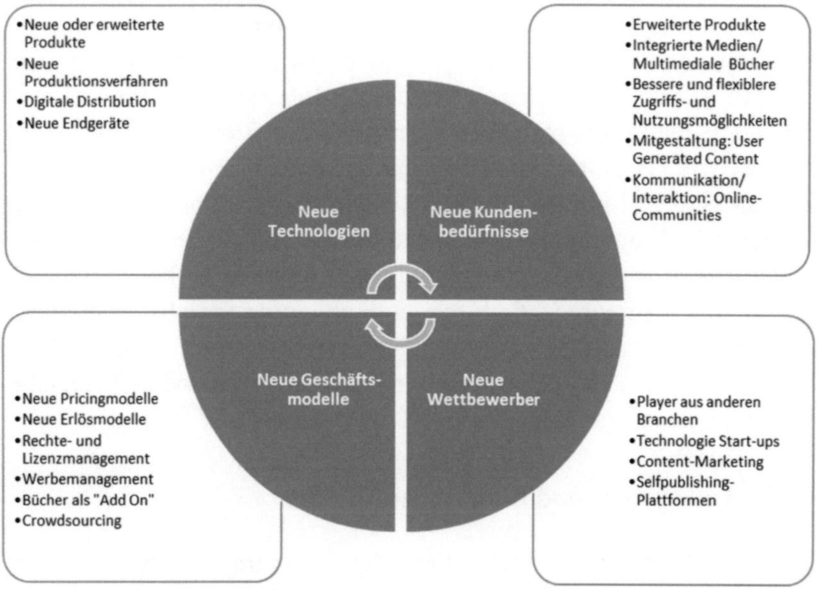

Abbildung 3: Herausforderungen für Verlage[173]

Neue Technologien

Technologische Entwicklungen wie E-Books, Enhanced E-Books oder Datenbanken führen im Verlagswesen entsprechend der Weiterentwicklung der Lesegeräte (Tablet, E-Book-Reader etc.) und Anpassung der Dateiformate zu gänzlich neuen Produktvarianten und digitalen Ökosystemen. Die Digitalisierung ermöglicht die Ablösung klassischer Verlagsprodukte vom Trägermedium – der gedruckten Zeitschrift oder dem gedruckten Buch. Digitaler Content lässt sich entsprechend der individuellen Kundinnen- und Kundenwünsche flexibel modularisieren

172 Vgl. Clement et al. (2009): S. 15.

173 Vgl. Abbildung: Clement et al. (2009): S. 15; Engstler/Nohr (2010): S. 30; Übelhart (2011): S. 85.

oder zu neuen Angebotsformen bündeln (»Mass Customization«).[174] Neue Produktionsverfahren und Distributionswege zur Integration der Produkte in der Wertschöpfungskette der Verlage sind Voraussetzung.[175] Wirtz führt an, dass Anpassungsfähigkeit der Verlage gefordert ist, da die Innovationsgeschwindigkeit nicht nur stetig zunimmt, sondern in diskontinuierlichen Abständen auftritt: »Die Dynamik der Veränderungen im Unternehmensumfeld der Internetökonomie ist [...] so groß, dass man nicht mehr von einem evolutionären Fortschreiten der technologischen Entwicklungen sprechen kann, sondern davon ausgehen muss, dass Innovationen von revolutionärer Tragweite in immer kürzeren und zunehmend diskontinuierlichen Abständen auftreten.«[176] Die Entstehung des Web 2.0 war aufgrund seiner interaktiven und kollaborativen Elemente (z. B. durch die Etablierung Sozialer Medien) für die Renaissance des Crowdfunding-Konzeptes in den 2000er Jahren verantwortlich, obwohl dieses im Verlagswesen bereits seit dem 17. Jahrhundert bekannt ist.[177]

Neue Kundinnen- und Kundenbedürfnisse

Hand in Hand mit den technologischen Neuerungen gehen die Kundinnen- und Kundenbedürfnisse hinsichtlich Produktqualität, Service der Unternehmen und Flexibilität der Produktnutzung. Eine pausenlose Erreichbarkeit der Unternehmen über die Sozialen Medien wird erwartet, die sofortige Verfügbarkeit digitaler Produkte vorausgesetzt. Bedingt durch eine höhere Markttransparenz in der Internetökonomie steigen das Informationsniveau der Konsumentinnen und Konsumenten und deren Macht gegenüber den Unternehmen. Begünstigt wird das sogenannte »Customer Empowerment«[178] durch soziale Netzwerke und Online-Communities, die die schnelle Verbreitung positiver wie negativer Informationen über Produkte und Unternehmen ermöglichen.[179] Wesentlich für die Verlagsbranche ist das Bedürfnis der Leserinnen und Leser nach Partizipation und Interaktion. User Generated

174 Vgl. Engstler/Nohr (2010): S. 33.
175 Vgl. Clement et al. (2009): S. 16.
176 Wirtz (2013b): S. 180.
177 Vgl. Kern (2014a): o. S.
178 Gouthier (2006): S. 167.
179 Vgl. Wirtz (2013b): S. 209.

Content, d. h. von den Kundinnen und Kunden selbst erstellte und im Internet publizierte Inhalte wie Blogbeiträge, Kommentare, Fotos, Bewertungen etc.,[180] und das Verschwimmen der eindeutig definierten Grenzen zwischen Autorin und Autor, Verlag sowie Leserin und Leser sind die Folgen.[181]

Dem Wunsch nach inhaltlicher bzw. kreativer Mitbestimmung oder aktiver Produktauswahl und -bewertung können Verlage durch Crowdfunding bzw. Crowdsourcing gerecht werden. Vor allem mittels unternehmenseigener Plattform und Community kann Kundinnen und Kunden eine Gemeinschaft Gleichgesinnter geboten und in Folge die emotionale Bindung an das Unternehmen erhöht werden.[182]

Bedingt durch die neuen Technologien ändert sich das Mediennutzungsverhalten. Die Nutzung des Internets ist im Laufe der letzten 10 Jahre zu Lasten der Printmedien kontinuierlich gestiegen. 2015 nutzten bereits 84 Prozent der österreichischen Bevölkerung über 14 Jahre das Internet.[183] Zusätzlich zu den sogenannten »Digital Natives« (vgl. Prensky), die mit digitalen Medien aufgewachsen sind, sind nun auch verstärkt ältere Altersgruppen ab 50 Jahren (»Silver Surfer«) online. Als Konsequenz verändern sich auch die für Verlage relevanten Zielgruppen der Buchleserinnen und -leser: Zusätzlich zum gesellschaftlichen Leitmilieu der Postmateriellen muss nun auch das Sinus-Milieu der Performerinnen und Performer adressiert werden.[184] Ein Sinus-Milieu fasst Personen zusammen, die sich in ihren Lebensauffassungen, grundlegenden Wertorientierungen und Alltagseinstellungen zu Arbeit, Familie, Freizeit etc. ähneln.[185] Zu dem Milieu der Postmateriellen zählen 9 Prozent der österreichischen Bevölkerung.[186] Sie sind Vielleserinnen und Vielleser und vertrauen Rezensionen der Kulturredaktionen und Feuilletons, um sich über neue Bücher zu informieren. Sie sind treue Kundinnen und Kunden kleinerer Buchhandlungen, da ihnen die persönliche Beziehung zu dem Buchhändler ihres Vertrauens

---

180 Vgl. Sixt (2014): S. 15.
181 Vgl. Letz (2014): S. 25.
182 Vgl. Wirtz (2013b): S. 211.
183 Vgl. Statista (2015a): o. S.
184 Vgl. Damke (2009): S. 207.
185 Vgl. Börsenverein des Deutschen Buchhandels (2008): S. 1.
186 Vgl. Sinus-Institut (o. J.): o. S.

wichtig ist.[187] Das Milieu der Performer, zu dem ebenfalls 9 Prozent der Österreicherinnen und Österreicher zugeordnet werden können, zählt zur Leistungselite.[188] Sie gehören aufgrund ihrer hohen IT-Kompetenz und ausgeprägten Multimedia-Begeisterung zu den »Early Adopters«[189], jener Zielgruppe, die gerne vor allen anderen die neuesten Innovationen der Unternehmen nutzt. Die Performerinnen und Performer, die ihre Bücher anhand der Bewertungen und Kommentare anderer unbekannter Leserinnen und Leser beispielsweise auf Amazon.com auswählen, bilden die primäre Zielgruppe für neue digitale Produkte und Geschäftsmodelle im Verlagswesen.[190] Ein Blick auf die aktuellen Zahlen der E-Book-Käufe zeigt aber, dass nicht mehr nur die junge Generation auf E-Books setzt. 6,1 Prozent der E-Book-Käufer finden sich in der Altersklasse 50 bis 59 Jahre und kommen damit nicht mehr ausschließlich aus der nachrückenden Generation der »Digital Natives«.[191]

Neue Wettbewerberinnen und Wettbewerber

Neue Konsumentinnen- und Konsumentenbedürfnisse ermöglichen Markteintrittschancen für neue Wettbewerberinnen und Wettbewerber, werden diese nicht von traditionellen Verlagen befriedigt. Konkurrenzunternehmen von Buchverlagen stammen verstärkt aus verlagsfremden Branchen, da sie aufgrund ihrer technologischen Kompetenz oder ihrer Innovationsstärke dem neuen Mediennutzungsverhalten der Leserinnen und Leser besser gerecht werden. Zu den neuen Wettbewerbern zählen beispielsweise IT-Unternehmen wie Apple oder der Online-Versandhändler Amazon, die mobile Endgeräte als verlängerten Distributionskanal lancieren und aufgrund eines geschlossenen digitalen Ökosystems ausschließlich auf Content aus den eigenen Stores zurückgreifen.[192] Amazon übernimmt mit Amazon Publishing in Deutschland inzwischen auch Funktionen eines klassischen Verlages.[193]

187 Vgl. Damke (2009): S. 207ff.
188 Vgl. Sinus-Institut (o. J.): o. S.
189 Gründerszene (o. J.): o. S.
190 Vgl. Damke (2009): S. 208.
191 Vgl. Börsenverein des Deutschen Buchhandels (2014): S. 29.
192 Vgl. Engstler/Nohr (2010): S. 38.
193 Vgl. Letz (2014): S. 26.

Auch technologische Start-ups scheuen den Wettbewerb mit traditionellen Verlagen nicht und punkten durch innovative und kreative Ideen: Squirl beispielsweise hat eine »location-based book discovery app« entwickelt, mit der Userinnern und User vom aktuellen Standort abhängige Publikationen finden und lesen können.[194]

Als Konkurrenz zu Verlage treten außerdem Selfpublishing-Plattformen auf: Books on Demand oder BookRix sind zwei Beispiele für Plattformen, die die Strukturen eines Verlages mit einer Online-Community verbunden haben und so unabhängige Autorinnen und Autoren für sich gewinnen können.[195]

Unternehmen, die sich verstärkt dem Content Marketing verschrieben haben, stehen ebenfalls im Wettbewerb zu klassischen Verlagen. Mit meist kostenlosen Publikationsangeboten betreten sie den Markt, um neue Kundinnen und Kunden gewinnen oder bestehende Kundinnen und Kunden bedienen zu können – ohne einen traditionellen Verlag in den Redaktions- bzw. Produktionsprozess zu involvieren. [196] Klassisches Beispiel ist Red Bull, das mit dem Red Bull Mediahouse ein eigenes Medienimperium unterhält, Zeitschriften verlegt, TV-Formate und Musikstücke produziert. Fachverlage sind davon gleichermaßen betroffen, wenn beispielsweise eine Rechtsanwaltskanzlei zum Zweck des Content Marketings dieselbe Zielgruppe wie ein juristischer Fachverlag mit kostenfreien in Eigenregie publizierten Werken bedient.

Neue Geschäftsmodelle

Die Digitalisierung ermöglicht eine Vielzahl neuer Geschäftsmodelle, derer sich Verlage bedienen können. Die vorliegende Arbeit analysiert im Detail die Potentiale des Geschäftsmodells Crowdfunding.

---

194 Vgl. Blaschke (2015): o. S.
195 Vgl. Engstler/Nohr (2010): S. 39.
196 Vgl. Henzler/Kern (2014): S. 4.

4. Geschäftsmodelle

Um in weiterer Folge die Einsatzmöglichkeiten und Erfolgsfaktoren von Crowdfunding als Geschäftsmodell im Verlagswesen analysieren zu können, beleuchtet das folgende Kapitel die dafür notwendigen Grundlagen der Geschäftsmodell-Theorie. Nach der Definition des Begriffs »Geschäftsmodell« bzw. »Business Modell«, werden drei als relevant eingestufte Geschäftsmodell-Ansätze näher betrachtet, um am Ende des Kapitels jene Elemente festzulegen, die für den Geschäftsmodell-Ansatz für Crowdfunding wesentlich sind.

4.1 Definition

Der Begriff »Geschäftsmodell«, der in der vorliegenden Arbeit synonym zu »Business Model« genutzt wird, wird in der Literatur[197] folgendermaßen definiert: »Ein Business Model stellt eine stark vereinfachte und aggregierte Abbildung der relevanten Aktivitäten einer Unternehmung dar. Es erklärt, wie durch die Wertschöpfungskomponente einer Unternehmung vermarktungsfähige Informationen, Produkte und/oder Dienstleistungen entstehen. Neben der Architektur der Wertschöpfung werden die strategische sowie die Kunden- und Marktkomponente berücksichtigt, um das übergeordnete Ziel der Generierung beziehungsweise Sicherung des Wettbewerbsvorteils zu realisieren.«[198]

4.2 Geschäftsmodell-Theorien

Für die vorliegende Arbeit sind vor allem die Geschäftsmodell-Ansätze von Gassmann et al.[199], Wirtz[200] und Osterwalder/Pigneur[201] ausschlag-

197 Vgl. Wirtz (2013a): S. 1ff.
198 Wirtz (2013a): S. 72.
199 Vgl. Gassmann et al. (2013): S. 7.
200 Vgl. Wirtz (2013a): S. 72.
201 Vgl. Osterwalder/Pigneur (2011): S. 18.

gebend und werden daher untenstehend detaillierter dargestellt. Gassmann, da hierbei Crowdfunding und Crowdsourcing expliziert als für Geschäftsmodelle innovative Konzepte genannt werden[202]; Wirtz, da er sich mit den Besonderheiten von digitalen Geschäftsmodellen in Medienunternehmen auseinandersetzt[203]; Osterwalder/Pigneur, da es sich bei dem Canvas-Modell um einen praxisnahen Ansatz zur Darstellung von Geschäftsmodellen handelt.

Die Festlegung der für den Geschäftsmodell-Ansatz für Crowdfunding wesentlichen Elemente, die in weiterer Folge der Analyse der Fallbeispiele dienen, erfolgt im Anschluss.

4.2.1 Geschäftsmodell nach Wirtz

Wirtz versteht unter dem Begriff Geschäftsmodell die »Abbildung des Leistungssystems einer Unternehmung«.[204] In komprimierter Form zeigt es, welche Ressourcen wie durch den innerbetrieblichen Leistungserstellungsprozess fließen, um in Informationen, Produkte oder Dienstleistungen transformiert zu werden. Mit Hilfe des Geschäftsmodells können Unternehmensaktivitäten bzw. die relevanten unternehmerischen Erfolgsfaktoren analysiert und aktiv gemanagt werden.[205] Wirtz identifiziert sechs Partialmodelle eines Geschäftsmodells.

Das Partialmodell »Markt« beschreibt die Akteurinnen und Akteure (Nachfragerinnen und Nachfrager sowie Wettbewerberinnen und Wettbewerber) des Unternehmens und die Struktur der Märkte, in welchen sie sich gegenüberstehen. Das Nachfragermodell als Teil des Marktmodells definiert dabei die Kundinnen- und Kundensegmente und stellt dar, welche Leistungen in welcher Menge mit welcher Preisbereitschaft nachgefragt werden. Die Segmentierung der Märkte bzw. darüber hinaus die durch das Internet ermöglichten innovativen Applikationen führen dabei laut Wirtz zu einer stärken Einbindung der Endkundinnen und Endkunden in den Leistungserstellungsprozess.[206] Die Bedürfnisse und die Partizipationsbereitschaft der Nutzerinnen und Nutzer kann

202 Vgl. Gassmann et al. (2013): S. 99ff.
203 Vgl. Wirtz (2013c): S. 78ff.
204 Wirtz (2013b): S. 267.
205 Vgl. Wirtz (2013b): S. 267.
206 Vgl. Wirtz (2013b): S. 269f.

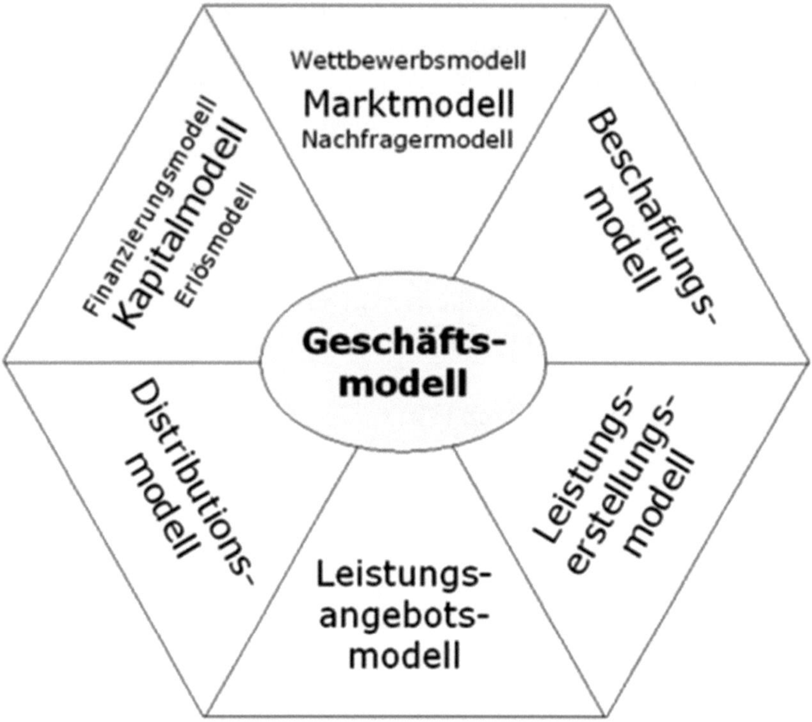

Abbildung 4: Partialmodelle eines integrierten Geschäftsmodells nach Wirtz (Wirtz (2013c), S. 95)

im Nachfragermodell erkannt und so für Konzepte wie Crowdfunding genutzt werden. Das Wettbewerbsmodell – ebenfalls Teil des Marktmodells – gibt Auskunft über die Marktstruktur und das Marktverhalten der Wettbewerberinnen und -bewerber auf den Absatzmärkten des Unternehmens.[207]

Aufbauend auf der Kundensegmentierung durch das Nachfragermodell schafft das Leistungsangebotsmodell ein individuelles segmentspezifisches Angebot je Nachfragerinnen- und Nachfragergruppe. In Kombination mit innovativen Informations- und Kommunikationsanwendungen kann das Leistungsangebotsmodell zu Mass Customization führen: kostengünstige individualisierte Massenware.[208]

207 Vgl. Wirtz (2013b): S. 270.
208 Vgl. Wirtz (2013b): S. 271.

Das Distributionsmodell gibt Auskunft über die Art und Weise, mit der Produkte und Dienstleistungen von der Anbieterin und vom Anbieter zur Nachfragerin und zum Nachfrager transportiert werden.[209] Die akquisitorische Distribution beschreibt die Gestaltung der Beziehung zu den Absatzmittlern, während die logistische Distribution die physische Übermittlung der Produkte an die Rezipientin und den Rezipienten beinhaltet.[210]

Das Beschaffungsmodell legt die Art und Menge der benötigten Inputfaktoren fest und zeigt, von welchen externen Lieferantinnen und Lieferanten diese beschafft werden.[211]

Die ökonomische Beziehung zwischen Input (Einsatzmenge der Produktionsfaktoren) und Output (erzielbare Ausbringungsmenge) wird im Leistungserstellungsmodell abgebildet. Kernprozesse werden definiert, die einen Mehrwert für die Kundin und den Kunden generieren und für die Leistungserstellung ausschlaggebend sind.[212]

Das Kapitalmodell lässt sich in ein Finanzierungs- (welche finanziellen Ressourcen werden der Unternehmung zugeführt) und ein Erlösmodell (welche Formen der Refinanzierung stehen zur Verfügung) untergliedern.[213] In der Verlagsbranche sind unterschiedliche Erlösmodelle möglich: Die Höhe des Entgelts richtet sich nach der Leistungsmenge bzw. -dauer (transaktionsabhängige Entgelte) oder die Nutzerin und der Nutzer zahlen für die grundsätzliche Möglichkeit der Nutzung beispielsweise in Form eines Zeitungsabonnements (transaktionsunabhängige Entgelte).[214] Wirtz unterscheidet direkte und indirekte Erlösgenerierung, abhängig davon, ob die Erlöse mit oder ohne Zwischenschaltung eines Dritten bezogen werden.[215]

Fazit zum Geschäftsmodell nach Wirtz

Ordnet man Crowdfunding in den Geschäftsmodellansatz von Wirtz ein, ist vor allem das Nachfragermodell als Teil des Marktmodells, das Leistungsangebotsmodell bzw. das Kapitalmodell relevant.

209 Vgl. Wirtz (2013b): S. 271.
210 Vgl. Wirtz (2013c): S. 97.
211 Vgl. Wirtz (2013c): S. 97.
212 Vgl. Wirtz (2013c): S. 96.
213 Vgl. Wirtz (2013b): S. 271.
214 Vgl. Wirtz (2013c): S. 99.
215 Vgl. Wirtz (2013b): S. 271.

Ebenso werden das Distributions- und das Beschaffungsmodell beeinflusst.

Das Nachfragermodell erkennt und fördert die Partizipation der Kundinnen und Kunden und ist daher für Crowdfunding- bzw. Crowdsourcing-Projekte ausschlaggebend. Durch die Nutzung von Crowdsourcing-Initiativen können die Endkundinnen und -kunden verstärkt in den Leistungserstellungsprozess eingebunden werden. Crowdfunding-Elemente erleichtern die Kundensegmentierung sowie die Schaffung eines individuellen segmentspezifischen Angebots im Leistungsangebotsmodell. Da Reward-based-Crowdfunding neben den positiven Zusatzeffekten für Marketing, Marktforschung und Validierungsprozess des Produktes[216] in erster Linie als zusätzliche Erlösquelle gedacht ist, ist das Kapitalmodell ausschlaggebend. Die durch Crowdfunding erzielten Erlöse können sowohl direkter (über eigene Verlagsplattformen oder nach eigenem Aufruf) als auch indirekter Natur sein. Letzteres ist der Fall, wenn Crowdfunding-Plattformen wie Startnext oder Kickstarter als Intermediäre genutzt werden. Da beim Reward-based-Crowdfunding die Unterstützerinnen und Unterstützer der Crowdfunding-Kampagne eine bestimmte Gegenleistung für ihre finanzielle Unterstützung erhalten[217] – im Verlagswesen z. B. eine signierte Ausgabe des Buches oder eine persönliche Lesung – handelt es sich um transaktionsabhängige Erlöse.

Crowdfunding hat auch Auswirkungen auf das Distributionsmodell eines Unternehmens, da es die Art und Weise, wie ein Produkt zur Nachfragerin oder zum Nachfrager kommt, beeinflussen kann. Bei Reward-based-Crowdfunding oder Pre-Ordering kann die Distribution der Produkte von den Projektinitiatorinnen und -initiatoren selbst oder über die genutzte Crowdfunding-Plattform abgewickelt werden, ohne auf zusätzliche Intermediäre wie Agenturen, Labels oder Verlage angewiesen zu sein.[218]

Wie die benötigten Inputfaktoren (im Falle einer Publikation beispielsweise deren Inhalt) und welche externen Lieferanten (Autorinnen und Autoren) genutzt werden, wird im Beschaffungsmodell abgebildet. Werden bei Crowdfunding auch andere Crowdsourcing-Elemente eingesetzt, spiegelt sich dies deutlich im Beschaffungsmodell wider: Leserinnen und Leser werden zu Autorinnen und Autoren.

---

216 Vgl. Sixt (2014): S. 69.

217 Vgl. Sixt (2014): S. 57.

218 Vgl. Moisseyev (2013): S. 10ff.

Da sich Crowdfunding umfassend in den Geschäftsmodell-Ansatz nach Wirtz integrieren lässt und sich der Autor auch verstärkt der Medienbranche widmet, werden Elemente seines Modells bei der Entwicklung des Geschäftsmodell-Ansatzes für »Crowdfunded Publishing« in Kapitel 4.4 berücksichtigt.

4.2.2 St. Galler Business Model Navigator nach Gassmann et al.

In Zusammenarbeit mit Unternehmen unterschiedlicher Branchen, dem Center for Design Research der Stanford University und Gründern des Design-Thinking-Ansatzes entwickelten Gassmann et al. den St. Galler Business Model Navigator.[219] Laut eigenen Angaben handelt es sich hierbei um eine »aktionsorientierte Methodik, die es jedem Unternehmen ermöglicht, die dominante Branchenlogik zu durchbrechen und das eigene Geschäftsmodell zu innovieren.«[220] Die zentrale Erkenntnis der Arbeit besagt, dass Innovationen meist durch die kreative Imitation von Geschäftsmodellen anderer Branchen entstehen. 90 Prozent aller neuen Geschäftsmodelle sind nicht wirklich neu, sondern innovative Rekombinationen von bereits bekannten Ideen, Konzepten und Elementen bestehender Geschäftsmodelle. Die Autorinnen und Autoren identifizierten dabei 55 unterscheidungsfähige Muster, die stets den Kern neuer Geschäftsmodelle bilden[221] und als Inspirationsquelle für deren Entwicklung genutzt werden können.[222]

Im Gegensatz zum Geschäftsmodell-Ansatz nach Wirtz besteht ein Geschäftsmodell im St. Galler Business Navigator nicht aus 6 Partialmodellen, sondern aus 4 Dimensionen, die in einem »magischen Dreieck« dargestellt werden (vgl. Abbildung 5).

Ein Geschäftsmodell setzt sich aus den vier Dimensionen Kundensegmente, Nutzenversprechen, Wertschöpfungskette und Ertragsmechanik zusammen – vereinfacht dargestellt als »Wer-Was-Wie-Wert?«. Im Zentrum des magischen Dreiecks steht die Kundin und der Kunde (*Wer?*): Für jedes erfolgreiche Geschäftsmodell müssen die relevanten Kundensegmente definiert werden, das Unternehmen muss seine Ziel-

219 Vgl. Gassmann et al. (2013): S. 15f.
220 Gassmann et al. (2013): S. 17.
221 Vgl. Gassmann et al. (2013): S. 17f.
222 Vgl. Wagner (2014): S. 27ff.

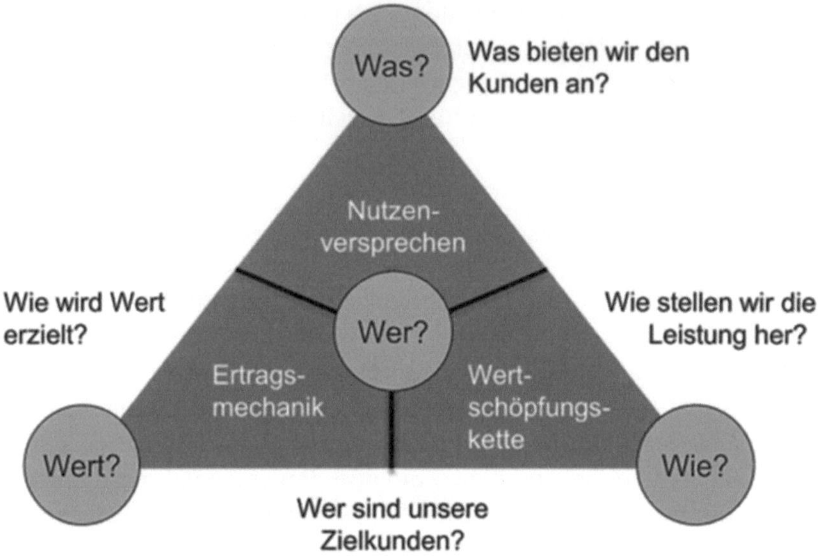

Abbildung 5: Das magische Dreieck eines Geschäftsmodells (nach Gassmann et al. (2013), S. 6).

kundinnen und -kunden kennen und verstehen. Das Nutzenversprechen als zweite Dimension beschreibt sämtliche Leistungen, die der Kundin und dem Kunden angeboten werden und ihr/ihm von Nutzen sind (*Was?*). Die Wertschöpfungskette stellt die dritte Dimension des Geschäftsmodells dar und zeigt, durch welche Prozesse und Aktivitäten und mit welchen Ressourcen und Fähigkeiten das Unternehmen die Leistung herstellt (*Wie?*). Wie ein Geschäftsmodell finanziell überlebensfähig ist, welche Aspekte die Kostenstruktur und die Umsatzmechanismen beinhalten etc. wird durch die vierte Dimension »Ertragsmechanik« erklärt (*Wert?*). Werden diese vier Fragen beantwortet und dadurch die Kundensegmente, das Nutzenversprechen, die Wertschöpfungskette und die Ertragsmechanik konkretisiert, wird die Definition des eigenen Geschäftsmodells sowie deren Innovation ermöglicht.[223] Werden mindestens zwei der vier Geschäftsmodellkomponenten signifikant geändert, handelt es sich um eine Geschäftsmodellinnovation.[224]

223 Vgl. Gassmann et al. (2013): S. 6f.
224 Vgl. Gassmann et al. (2013): S. 9.

Fazit zum St. Galler Business Model Navigator nach Gassmann et al.

Im St. Galler Business Model Navigator werden Crowdfunding und Crowdsourcing als zwei der insgesamt 55 bestehenden Muster gesehen, aus denen sich neue Geschäftsmodelle zusammensetzen.

Crowdfunding hat laut Gassmann et al. Einfluss auf die Wertschöpfungskette einerseits und die Ertragsmechanik andererseits und bietet damit Antworten auf die Fragen nach dem »Wie« und dem »Wert«. Gassmann et al. konzentrieren sich auf die Variante des Reward-based-Crowdfunding, da als Geldgeberin und Geldgeber Privatpersonen oder private Gemeinschaften gesehen werden, die als Gegenleistung für ihren finanziellen Beitrag in der Regel das Produkt selbst oder darüber hinausgehende Leistungen (z. B. Bonusmaterial) erhalten (*Wie?*). Im Gegensatz zu klassischen Finanzinvestorinnen und -investoren oder Banken sind Crowdfunder nicht an einer Renditemaximierung, sondern an der Durchführung des Projekts oder Produktion des Produktes selbst interessiert. Für die/den Projektinitiatorin oder -initiator bietet Crowdfunding einen hohen Zusatznutzen. Der Kapitalgeberkreis kann erweitert, die Finanzierungskonditionen verbessert und die Ausschreibung als zusätzliche »kostenlose« Werbung für das Projekt genutzt werden (*Wert?*).[225]

Crowdsourcing wird im St. Galler Business Model Navigator neben Crowdfunding als ein weiteres der 55 Muster erachtet. Wie die Schwarmfinanzierung (Crowdfunding) hat auch die Schwarmauslagerung (Crowdsourcing) Auswirkungen auf die Wertschöpfungskette und die Ertragsmechanik. Unter Crowdsourcing wird das Auslagern bestimmter Aufgaben an externe Akteurinnen und Akteure verstanden, die in Form einer Ausschreibung davon erfahren (*Wie?*). Ziel ist es, den eigenen Innovations- und Wissenshorizont zu erweitern und kostengünstige bzw. effektive Möglichkeiten der Problemlösung zu schaffen (*Wert?*). Außerdem kann mittels Crowdsourcing mehr über die Wünsche der Kundinnen und Kunden erfahren und Präferenzen für zukünftige Produkte besser abgeschätzt werden (*Wert?*).[226]

Der St. Galler Business Model Navigator fördert das Denken außerhalb der eigenen Branchenlogik. Die Erkenntnis, dass neue Geschäfts-

225 Vgl. Gassmann et al. (2013): S. 99f.

226 Vgl. Gassmann et al. (2013): S. 102ff.

modelle durch die innovative Rekombination bereits bekannter Elemente anderer Geschäftsmodelle entwickelt werden können, ermöglicht es Führungskräften, über den Tellerrand der eigenen Branche zu blicken. Crowdfunding und Crowdsourcing wurden dabei von Gassmann et al. als zwei der insgesamt 55 Muster identifiziert, um Ideen außerhalb der üblich existierenden Denkschemata und der dominanten Logik der eigenen Firma entwerfen zu können.[227]

4.2.3 Business Model Canvas nach Osterwalder/Pigneur

Osterwalder/Pigneur verstehen unter einem Geschäftsmodell »das Grundprinzip, nach dem eine Organisation Werte schafft, vermittelt und erfasst.«[228] Neun Elemente werden zu einem Geschäftsmodell kombiniert und mithilfe der Business Model Canvas ähnlich einer Leinwand visualisiert.[229] Das Ziel ist es, einen praxisorientierten und strukturierten Designprozess zu ermöglichen, um neue oder bestehende Geschäftsmodelle anschaulich darstellen und diskutieren zu können.[230] Die neun grundlegenden Geschäftsmodellbausteine decken die vier Bereiche Kundinnen und Kunden, Angebot, Infrastruktur und finanzielle Überlebensfähigkeit ab und können durch die Canvas auf einfache Art und Weise dargestellt werden, ohne die komplexen Abläufe des Unternehmens zu stark zu vereinfachen (siehe Abbildung 7).[231]

Osterwalder/Pigneur sehen das Wertangebot (Value Proposition) als zentrales Element eines Geschäftsmodells. Darum gruppieren sich die acht Elemente Kundensegmente (Customer Segments), Kanäle (Channels), Kundenbeziehungen (Customer Relationships), Einnahmequellen (Revenue Streams), Schlüsselressourcen (Key Resources), Schlüsselaktivitäten (Key Activities), Schlüsselpartnerschafen (Key Partners) und Kostenstruktur (Cost Structure).[232] Die neun grundlegenden Geschäftsmodellelemente werden im Folgenden näher analysiert, da sie für den Geschäftsmodell-Ansatz »Crowdfunded Publishing« wesentlich sind.

---

227 Vgl. Gassmann et al. (2013): S. 10ff.
228 Osterwalder/Pigneur (2011): S. 18.
229 Vgl. Mauer/Faschingbauer (2013): S. 44.
230 Vgl. Modjesch (2013): S. 65.
231 Vgl. Baldauf (2013): S. 43.
232 Vgl. Osterwalder/Pigneur (2011): S. 22ff.

Der Baustein *Kundensegmente (CS)* definiert die Zielgruppe des Unternehmens, die das Unternehmen ansprechen und erreichen will. Die Kundinnen und Kunden bilden »das Herz jedes Geschäftsmodells«.[233] Um Kundinnen und Kunden besser zufriedenstellen zu können, ist die Unterteilung anhand gemeinsamer Bedürfnisse oder ähnlicher Verhaltensweisen notwendig.[234] Osterwalder/Pigneur nennen fünf Arten von Kundensegmenten:

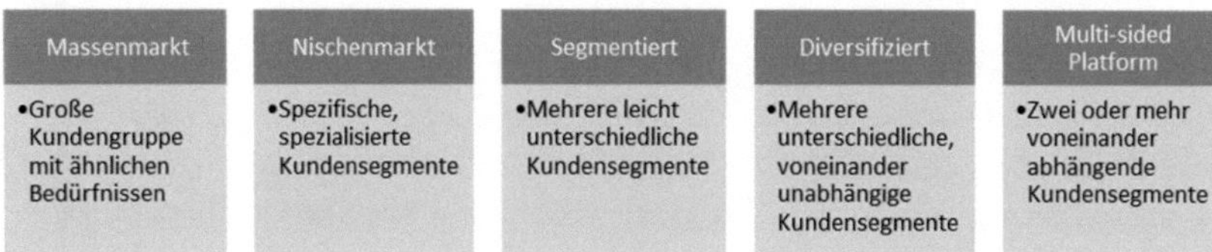

Abbildung 6: Kundensegmente in der Business Model Canvas (Osterwalder/Pigneur (2011): S. 25)

Während im »Massenmarkt« große Kundengruppen mit ähnlichen Bedürfnissen zusammengefasst werden, beinhaltet der »Nischenmarkt« spezifische, spezialisierte Kundensegmente. Mehrere leicht unterschiedliche Kundensegmente werden in der Kategorie »Segmentiert« gruppiert. »Diversifiziert« bezeichnet zwei oder mehr unterschiedliche voneinander unabhängige Kundensegmente, »Multi-sided Platform« wenn diese voneinander abhängig sind. Durch die Entscheidung für ein spezifisches Kundensegment und das Verständnis der jeweiligen Kundenwünsche kann ein Geschäftsmodell gestaltet werden.[235]

Der Baustein *Wertangebot (VP)* beinhaltet die Produkte und Dienstleistungen, die einem bestimmten Kundensegment Vorteile bringen.[236] Durch das Angebot des Unternehmens werden Probleme der Kundinnen und Kunden gelöst oder Kundenbedürfnisse befriedigt. Wertschöpfung kann u. a. durch die Neuheit eines Produktes entstehen, durch die verbesserte Leistung, Anpassung an spezifische Kundenwünsche oder Arbeitserleichterung. Auch der Fokus auf den niedrigen Preis, die Etablierung einer Marke oder die Bereitstellung/Verfügbarmachung von Produkten und Dienstleis-

233 Osterwalder/Pigneur (2011): S. 24.
234 Vgl. Osterwalder/Pigneur (2011): S. 24.
235 Vgl. Osterwalder/Pigneur (2011): S. 24.
236 Vgl. Osterwalder/Pigneur (2011): S. 26.

Key Partners

Key Activities

Key Resources

Value Proposi

Cost Structure

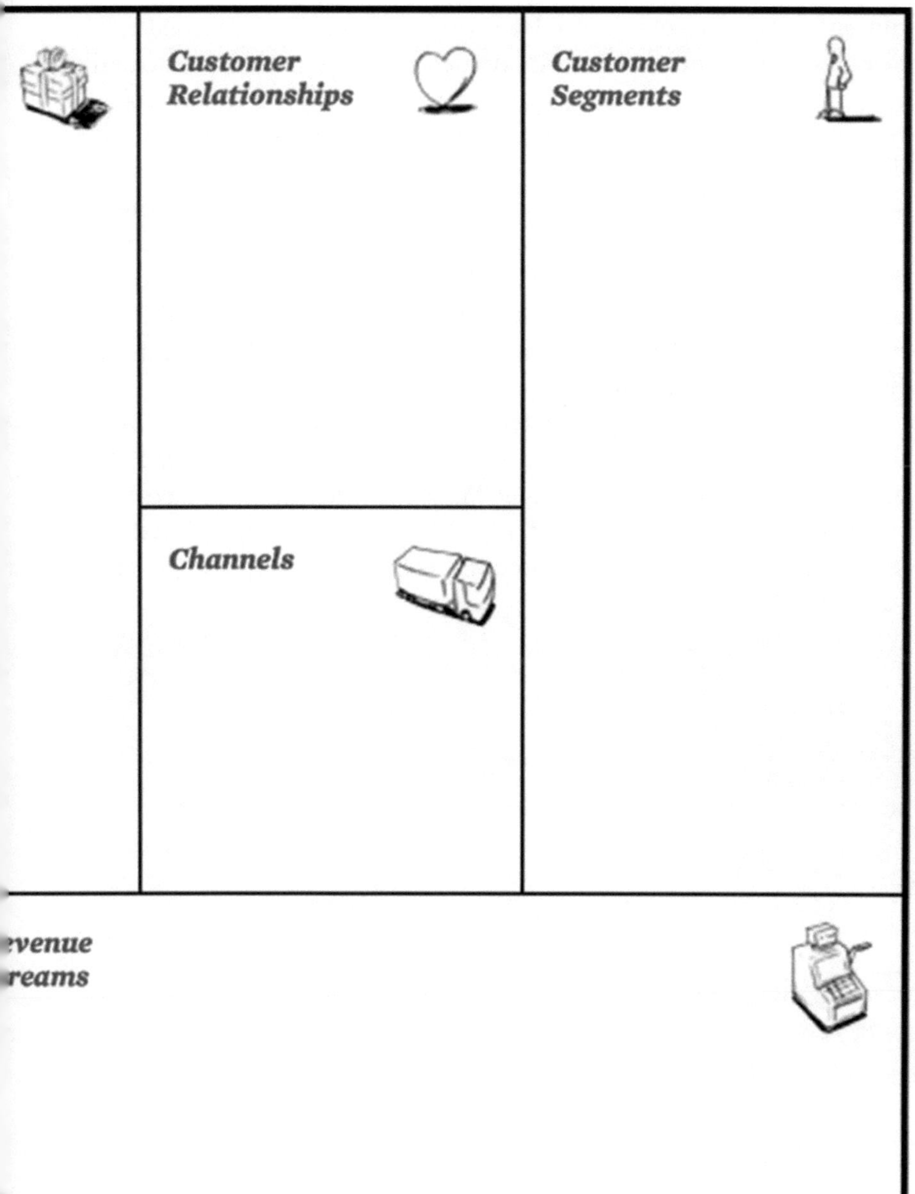

Abbildung 7: Die Business Model Canvas nach Osterwalder/Pigneur (Osterwalder (2015), o. S.)

tungen kann den ausschlaggebenden Kern eines Geschäftsmodells bilden.[237] Wie das Unternehmen seine Kundinnen und Kunden anspricht und erreicht, beschreibt der dritte Baustein *Kanäle (CH)*. Die Kommunikations-, Distributions- und Verkaufskanäle sollen die Aufmerksamkeit der Kundinnen und Kunden auf das Wertangebot des Unternehmens lenken, dessen Kauf und Bewertung ermöglichen und die Betreuung nach dem Kauf gewährleisten. Wichtig ist es, die richtige Balance zwischen direkten (z. B. interner Verkaufsabteilung, Website) und indirekten (z. B. Einzelhandelsfilialen) bzw. zwischen eigenen und Partner-Kanälen zu finden, um die umfassendste und kosteneffizienteste Kundenansprache zu ermöglichen.[238]

Der Baustein *Kundenbeziehungen (CR)* beschreibt die unterschiedlichen Arten von Beziehungen, die ein Unternehmen mit seiner Zielgruppe eingehen kann. Osterwalder/Pigneur nennen sechs Kategorien, von persönlich bis automatisiert, von denen für den weiteren Verlauf dieser Arbeit vor allem die »Communities« bzw. »Mitbeteiligung« relevant sein werden:

Abbildung 8: Kundenbeziehungen in der Business Model Canvas (Osterwalder/Pigneur (2011), S. 33)

237 Vgl. Osterwalder/Pigneur (2011): S. 27ff.

238 Vgl. Osterwalder/Pigneur (2011): S. 32f.

»Communities« dienen Unternehmen mit Hilfe einer Online-Plattform dem Austausch mit den Kundinnen und Kunden bzw. den Mitgliedern der Community untereinander. Unter »Mitbeteiligung« wird die Integration der Kundin oder des Kunden in die Wertschöpfungskette des Unternehmens verstanden, mit dem Ziel, Produkte und Dienstleistungen den Kundenwünschen entsprechend zu gestalten.

Die Einkünfte, die ein Unternehmen aus jedem Kundensegment bezieht, werden im Baustein *Einnahmequellen (R$)* visualisiert. Geklärt werden soll, für welche Werte jedes einzelne Kundensegment zu zahlen bereit ist. Ein Geschäftsmodell kann dabei zwei verschiedene Arten von Einnahmequellen umfassen: Transaktionseinnahmen aus einmaligen oder wiederkehrende Einnahmen aus fortlaufenden Zahlungen. Osterwalder/Pigneur identifizieren sieben Möglichkeiten, Einnahmequellen zu erschließen: Verkauf von Wirtschaftsgütern, Nutzungsgebühr, Mitgliedsgebühr, Verleih/Vermietung/Leasing, Lizenzen, Maklergebühren und Werbung.[239]

Der Baustein *Schlüsselressourcen (KR)* beschreibt die für das Geschäftsmodell notwendigen Wirtschaftsgüter, mit denen Produkte hergestellt, Märkte bedient, Beziehungen zu Kundinnen und Kunden aufrechterhalten und Einkünfte erzielt werden. Schlüsselressourcen können physische Wirtschaftsgüter wie Produktionseinrichtungen, Gebäude und Distributionsnetzwerke sein, in Form intellektueller Ressourcen wie Marken, Patente und Firmenwissen auftreten, menschlicher (vor allem in wissensintensiven und kreativen Branchen) oder finanzieller Natur sein.[240]

Unter der Bezeichnung *Schlüsselaktivitäten (KA)* werden die wichtigsten Handlungen subsummiert, die ein Unternehmen vornehmen muss, um am Markt erfolgreich zu sein. Osterwalder/Pigneur unterscheiden die drei Hauptkategorien Produktion, Problemlösung (z. B. in Beratungsfirmen, Krankenhäusern oder anderen Dienstleistern) und Plattform/Netzwerk. Schlüsselaktivitäten der letzten Kategorie sind beispielsweise für das Geschäftsmodell von Ebay relevant und beziehen sich auf das Plattformmanagement, das Anbieten von Dienstleistungen und das Bewerben der Plattform.[241]

---

239 Vgl. Osterwalder/Pigneur (2011): S. 34ff.
240 Vgl. Osterwalder/Pigneur (2011): S. 39.
241 Vgl. Osterwalder/Pigneur (2011): S. 40f.

Der 8. Baustein *Schlüsselpartnerschaften (KP)* beschreibt das Netzwerk von Lieferanten und Partnern, die ein Unternehmen zur Optimierung seines Geschäftsmodells, Minderung von Risiken oder die Akquise externer Ressourcen bildet. Vier Arten von Partnerschaften werden unterschieden: strategische Allianzen zwischen Nicht-Wettbewerbern, strategische Partnerschaften zwischen Wettbewerbern (Coopetition), Joint Ventures zur Entwicklung neuer Geschäfte und Käufer-Anbieter-Beziehungen zur Sicherung zuverlässiger Versorgung[242]

Die Kosten, die bei der Ausführung eines Geschäftsmodells anfallen, werden im Baustein *Kostenstruktur (K$)* visualisiert. Unterschieden wird zwischen kostenorientierten Geschäftsmodellen, die auf die Schaffung einer möglichst schlanken Kostenstruktur abzielen, und wertorientierten Geschäftsmodellen, die sich anstelle geringer Kosten durch erstklassige Wertangebote und ein hohes Maß an persönlichem Service auszeichnen.[243]

Fazit zum Business Model Canvas nach Osterwalder/Pigneur

Osterwalder/Pigneur haben mit der Business Model Canvas ein praxisnahes Werkzeug entwickelt, mit dem das Geschäftsmodell eines Unternehmens visualisiert und die Verbindungen zwischen den einzelnen Bausteinen dargestellt werden können.[244] Zur Kategorisierung der Geschäftsmodelle wurden fünf Muster identifiziert, die sich durch ähnliche Merkmale, Anordnungen der Geschäftsmodellbausteine oder ähnliche Verhaltensweisen auszeichnen: Entflechtungsmodelle, Long Tail, Multi-sided Platforms, FREE als Geschäftsmodell und Open Business Models.[245] Im Folgenden wird das für die vorliegende Arbeit relevante Muster »Multi-sided Platform« detaillierter dargestellt, da es für das Geschäftsmodell Crowdfunding bzw. »Crowdfunded Publishing« ausschlaggebend ist.

Charakteristisch für Multi-sided Platforms sind zwei (oder mehr) Kundensegmente, von denen jedes sein eigenes Wertangebot und die damit verbundene Einnahmequelle besitzt, ein Kundensegment aber

242 Vgl. Osterwalder/Pigneur (2011): S. 42f.
243 Vgl. Osterwalder/Pigneur (2011): S. 44f.
244 Vgl. Stähler (2014): S. 124.
245 Vgl. Osterwalder/Pigneur (2011): S. 56ff.

nicht ohne das andere existieren kann. Durch Multi-sided Platforms werden die voneinander abhängigen Kundengruppen zusammengebracht und Interaktion ermöglicht. Der Wert der Plattform für eine bestimmte Benutzergruppe hängt dabei hauptsächlich von der Nutzeranzahl der anderen Gruppe ab, ein Phänomen, das als »Netzwerkeffekt« bekannt ist. Je mehr Nutzerinnen und Nutzer angelockt werden können, desto höherwertiger die Plattform für alle Beteiligten.[246]

Die Business Model Canvas ist ein praxisnaher Ansatz, der mit neun Bausteinen bzw. durch das Instrument der Leinwand die Visualisierung verschiedener Geschäftsmodelle ermöglicht. Die besonderen Charakteristika des Crowdfundings finden sich u. a. im Element Kundenbeziehungen (»Communities«, »Mitbestimmung«) bzw. im Muster Multi-sided Platform wieder. Auf diese und weitere Elemente der Business Model Canvas wird daher bei der Entwicklung des eigenen Geschäftsmodell-Ansatzes im weiteren Verlauf der Arbeit Bezug genommen.

4.3 Geschäftsmodellklassifikation im Internet

Nach Wirtz lassen sich die im B2C-Bereich von Unternehmen verfolgte Geschäftsmodelle anhand des Leistungsangebots in die vier Segmente Content, Commerce, Context und Connection unterteilen.[247] Die folgende Grafik stellt die als 4C-Net Business Model bezeichnete Geschäftsmodelltypologie dar.

Das Content-Geschäftsmodell zeichnet sich durch die Sammlung, Selektion, Systematisierung, Kompilierung (Packaging) und der Bereitstellung von Inhalten auf einer eigenen Plattform aus. Ziel ist es, der Userin und dem User Inhalte einfach, ansprechend aufbereitet und gefiltert online zugänglich zu machen.[248] Es handelt sich hierbei um das klassische Geschäftsmodell eines Zeitschriftenverlages mit einer Online-Ausgabe wie z. B. Spiegel Online.[249]

Das Geschäftsmodell Commerce beinhaltet die Anbahnung, Aushandlung und/oder Abwicklung von Transaktionen im Internet mit dem Ziel traditionelle analoge Dienstleistungen zu substituieren. Bei-

246 Vgl. Osterwalder/Pigneur (2011): S. 81ff.
247 Vgl. Wirtz (2013c): S. 720.
248 Vgl. Wirtz (2013c): S. 720.
249 Vgl. Modjesch (2013): S. 73ff.

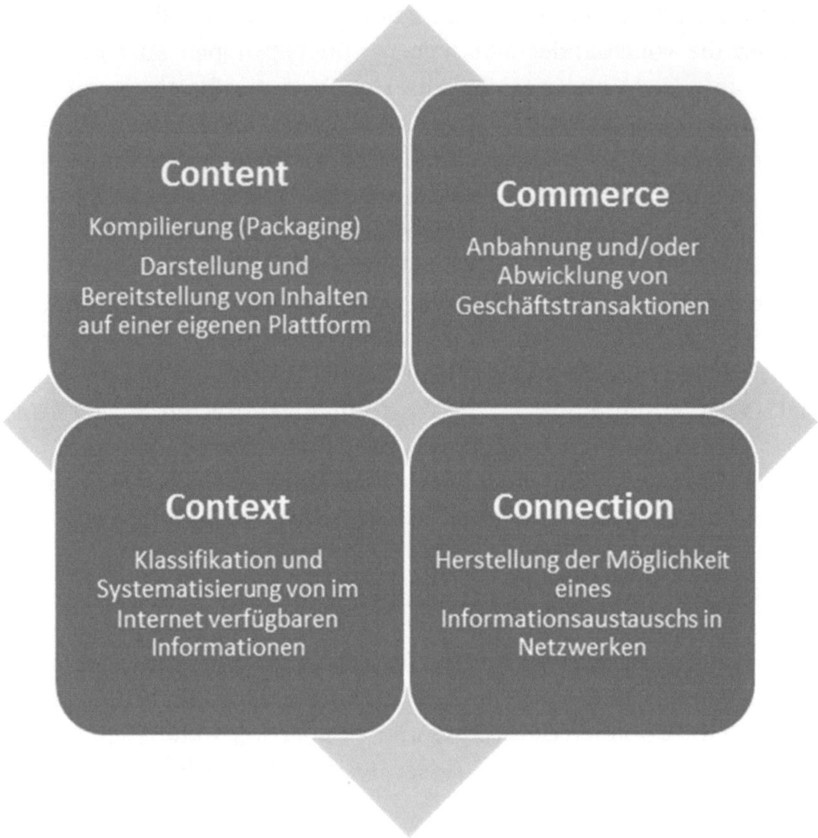

Abbildung 9: 4C-Net Business Model (vgl. Wirtz (2013c), S. 720).

spielhaft kann das Shopping-Portal Amazon oder die Auktionsplattform Ebay genannt werden.[250]

Im Fokus des Context-Geschäftsmodells steht die Klassifikation und Systematisierung der im Internet verfügbaren Informationen wie z. B. Google.com.[251]

Der Geschäftsmodelltyp Connection ist durch die neu geschaffene Möglichkeit eines Informationsaustauschs in Netzwerken gekennzeichnet. Ermöglicht wird die Interaktion von Akteuren in virtuellen Netz-

---

250 Vgl. Wirtz (2013b): S. 305.
251 Vgl. Wirtz (2013b): S. 331.

werken, die aufgrund der Transaktionskosten oder Kommunikationsbarrieren sonst nicht realisierbar wäre.[252] Klassische Beispiele sind die sozialen Netzwerke Facebook, Google+ etc.

In der Praxis werden die Geschäftsmodelle Content, Commerce, Context und Connection meist kombiniert oder durch Aspekte anderer Geschäftsmodellvarianten erweitert. Soziale Medien und die Weiterentwicklung des Internets sind hauptverantwortlich für die Schaffung hybrider Geschäftsmodelle wie beispielsweise Crowdfunding.[253] So beinhaltet Crowdfunding im Verlagswesen Aspekte des Geschäftsmodells Content (Verfügbarmachung von Inhalten), Commerce (Abwicklung der finanziellen Unterstützung der Projekte durch die Crowd) und Connection (Förderung der Interaktion zwischen Autorinnen und Autoren sowie Leserinnen und Lesern).

4.4 Geschäftsmodell-Ansatz für Crowdfunding

In Anlehnung an die oben analysierten Geschäftsmodell-Theorien nach Wirtz, Gassmann et al. und Osterwalder/Pigneur wird im Folgenden das Grundgerüst eines theoretischen Geschäftsmodell-Ansatzes für Crowdfunding entwickelt und die einzelnen Elemente bzw. deren Beziehung zueinander graphisch dargestellt. Der Ansatz identifiziert unternehmensinterne und -externe Geschäftsmodell-Bestandteile.

Im Anschluss an die Analyse der Fallbeispiele wird der Ansatz erneut inkl. der aus Theorie und Praxis gewonnenen Erkenntnisse für »Crowdfunded Publishing« in Fachverlagen dargestellt.

4.4.1 Vergleich der Geschäftsmodell-Theorien

Die untenstehende Grafik zeigt, dass es sich bei der Business Model Canvas von Osterwalder/Pigneur um den detailliertesten der drei vorgestellten Geschäftsmodell-Ansätze handelt. Während das Geschäftsmodell im St. Galler Business Model Navigator nach Gassmann et al. aus nur vier Elementen besteht, nimmt Wirtz eine Unterteilung in sechs Modelle, Osterwalder/Pigneur in neun Einzel-Bausteine vor. Am stärksten fällt dies bei dem Element »Wertschöpfungskette (Wie?)« von

252 Vgl. Wirtz (2013b): S. 357.
253 Vgl. Wirtz (2013b): S. 383ff.

Gassmann et al. auf, die Wirtz in drei, Osterwalder/Pigneur sogar in vier Einzel-Elemente unterteilen. Die Business Model Canvas stellt als einzige der drei genannten Geschäftsmodell-Ansätze einen eigenen Baustein für Kundenbeziehungen und Schlüsselpartner dar. Diese sind bei Wirtz im Nachfrager- bzw. im Beschaffungsmodell und bei Gassmann et al. in den Bereichen Kundensegmente bzw. in der Wertschöpfungskette integriert. Auf die Konkurrenz als wesentlicher Faktor eines Geschäftsmodells geht hingegen nur Wirtz im Marktmodell ein, Gassmann et al. und Osterwalder/Pigneur interessieren sich an dieser Stelle nicht für die Mitbewerberinnen und Mitbewerber.

<table>
<tr><th></th><th colspan="2">Wirtz</th><th>Gassmann et al.</th><th>Osterwalder/ Pigneur</th></tr>
<tr><td>Konkurrenz</td><td rowspan="3">Marktmodell</td><td>Wettbewerbsmodell</td><td>x</td><td>x</td></tr>
<tr><td rowspan="2">Kunden</td><td rowspan="2">Nachfragermodell</td><td rowspan="2">Kundensegmente (Wer?)</td><td>Kundensegmente</td></tr>
<tr><td>Kundenbeziehungen</td></tr>
<tr><td>Produkt/DL</td><td colspan="2">Leistungsangebotsmodell</td><td>Nutzenversprechen (Was?)</td><td>Wertangebot</td></tr>
<tr><td>Aktivitäten</td><td colspan="2">Leistungserstellungsmodell</td><td rowspan="4">Wertschöpfungskette (Wie?)</td><td>Schlüsselaktivitäten</td></tr>
<tr><td>Ressourcen</td><td colspan="2" rowspan="2">Beschaffungsmodell</td><td>Schlüsselressourcen</td></tr>
<tr><td>Externe Partner</td><td>Schlüsselpartner</td></tr>
<tr><td>Distribution</td><td colspan="2">Distributionsmodell</td><td>Kanäle</td></tr>
<tr><td>Erlöse</td><td rowspan="2">Kapitalmodell</td><td>Erlösmodell</td><td rowspan="2">Ertragsmechanik (Wert?)</td><td>Einnahmequellen</td></tr>
<tr><td>Kosten</td><td>Finanzierungsmodell</td><td>Kostenstruktur</td></tr>
</table>

Tabelle 3: Vergleich der Geschäftsmodell-Ansätze Wirtz, Gassmann et al., Osterwalder/Pigneur (eigene Darstellung).

4.4.2 Geschäftsmodell-Ansatz für Crowdfunding

In der Business Model Canvas von Osterwalder/Pigneur findet sich Crowdfunding am umfassendsten wieder: Das Wertangebot kann klar dargestellt, die zusätzlichen Einnahmequellen eingeordnet und die veränderten Kundenbeziehungen abgebildet werden. Deutlich wird, dass mit Crowdfunding zwei Zielgruppen parallel angesprochen (Projektinitiatorinnen und -initiatoren und Geldgeberin und Geldgeber) und mit unterschiedlichen Wertangeboten bedient werden. Die Pfeile in der untenstehenden Grafik symbolisieren die Abhängigkeit der beiden Zielgruppen voneinander. Auch die zusätzlichen Distributionskanäle, externe Partnerschaften und die erforderlichen Ressourcen (beispielsweise durch die technische Konzeption bzw. das Management der Online-Plattform) können abgebildet werden. Die Wettbewerberinnen und -bewerber und der Markt, die Wirtz in seinem Geschäftsmodell-Ansatz integriert, Osterwalder/Pigneur und Gassmann et al. aber unerwähnt lassen, werden im für die vorliegende Arbeit relevanten Geschäftsmodell-Ansatz für Crowdfunding-Initiativen ergänzt, da Unternehmen mit Crowdfunding einen neuen Markt betreten und mit zusätzlichen Wettbewerberinnen und -bewerbern aus anderen Branchen rechnen müssen. Adaptiert werden auch die Schlüsselaktivitäten, die durch Crowdfunding bzw. Crowdsourcing bedingt in unternehmensinterne Aktivitäten (Bildung eines Netzwerkes; entsprechend der Terminologie von Osterwalder/Pigneur) und zum Teil an die Crowd ausgelagerte externe Leistungserstellung (entsprechend Wirtz) gesplittet werden. Die Elemente Ressourcen und Kosten werden aufgrund ihrer starken Abhängigkeit voneinander in einen gemeinsamen Baustein zusammengeführt. Damit der Geschäftsmodell-Ansatz Unternehmen als Leitfaden für die Integration von Crowdfunding dienen kann, werden als zusätzliche Elemente die möglichen Crowdfunding-Modelle einerseits und die Unternehmensstrategie andererseits hinzugefügt. Letzteres soll die unterschiedlichen Einsatzmöglichkeiten von Crowdfunding sowie die organisatorische Integration in Unternehmenskultur und traditionelle Produktionsprozesse abbilden können.

Zusammengefasst werden folgende unternehmensinterne und -externe Elemente für den Geschäftsmodell-Ansatz von Crowdfunding als relevant identifiziert: Markt, Wettbewerb, Zielgruppe I und Zielgruppe II, Wertangebot I und Wertangebot II, Kundenbeziehung, Unterneh-

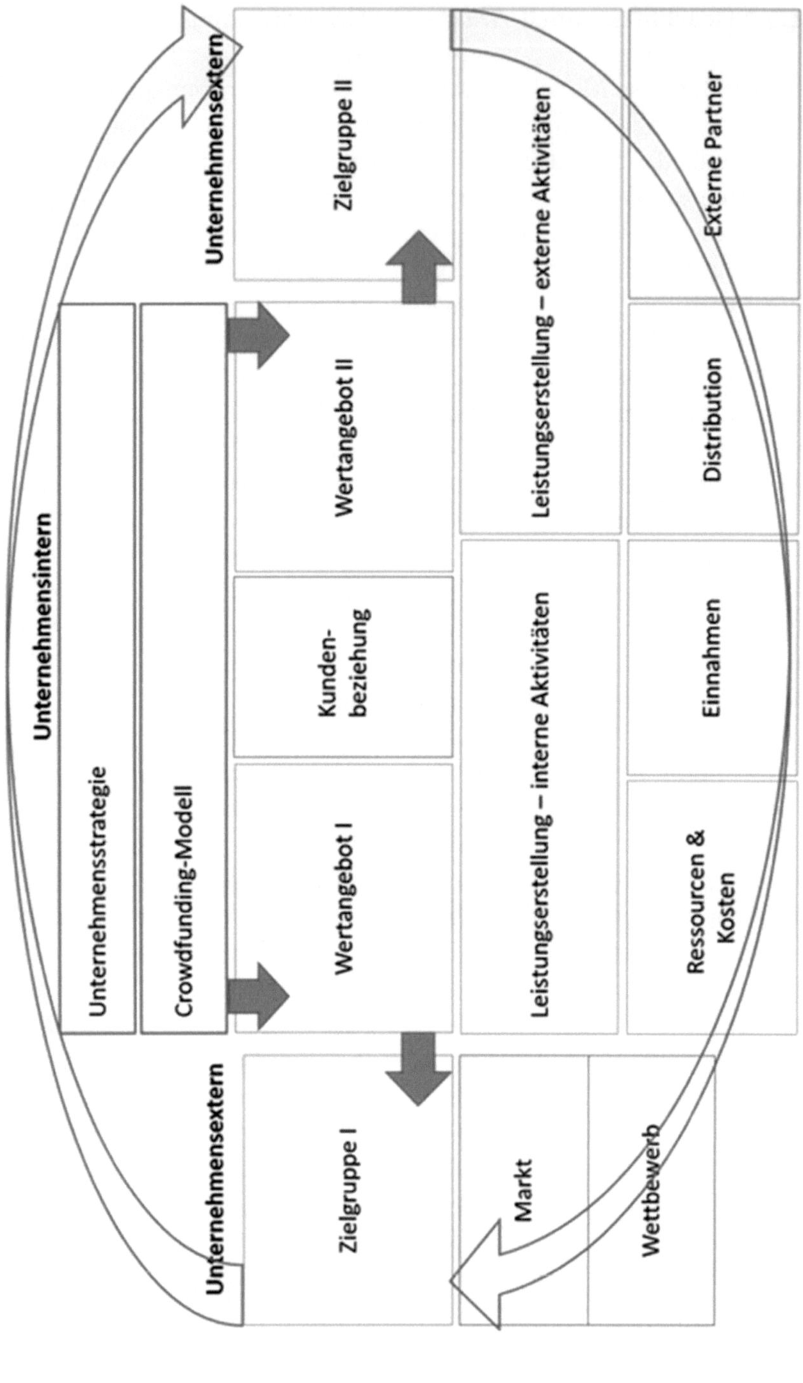
Unternehmensintern
Unternehmensstrategie
Crowdfunding-Modell
Unternehmensextern
Zielgruppe I
Wertangebot I
Kunden-
beziehung
Wertangebot II
Unternehmensextern
Zielgruppe II
Markt
Wettbewerb
Leistungserstellung – interne Aktivitäten
Leistungserstellung – externe Aktivitäten
Ressourcen &
Kosten
Einnahmen
Distribution
Externe Partner

mensstrategie, Crowdfunding-Modell, interne und externe Aktivitäten der Leistungserstellung, Ressourcen und Kosten, Einnahmen, Distribution und externe Partnerinnen und Partner. Graphisch ergibt dies untenstehendes Grundgerüst der einzelnen Elemente des Geschäftsmodell-Ansatzes inkl. deren Beziehung zueinander. Im Anschluss an die Analyse der Fallbeispiele wird der Ansatz erneut inkl. der aus Theorie und Praxis gewonnenen Erkenntnisse für »Crowdfunded Publishing« in Fachverlagen dargestellt.

Abbildung 10: Elemente des Geschäftsmodell-Ansatzes für Crowdfunding (eigene Darstellung, vgl. Abbildung: Modjesch (2013), S. 90; Osterwalder/Pigneur (2011), S. 48; Wirtz (2013c), S. 95).

5. Fallbeispiele

Im folgenden Teil der Arbeit werden fünf Fallbeispiele aus der Praxis hinsichtlich ihres Geschäftsmodells analysiert. Vier davon stammen aus dem Verlagswesen in Deutschland, Großbritannien, Spanien und den USA, bei dem fünften handelt es sich um eine Case Study aus der amerikanischen Filmindustrie. Die Fallbeispiele wurden so ausgewählt, dass sie einen Überblick des vielfältigen Einsatzes von Crowdfunding und die möglichen Kombinationen mit anderen Elementen des Crowdsourcings zeigen. Zur Einordnung der Rahmenbedingungen der einzelnen Praxisbeispiele erfolgt zuerst eine Darstellung der jeweiligen Firmenstruktur (Mitarbeiteranzahl, Konzernzugehörigkeit etc.), anschließend werden die entsprechenden Crowdfunding- bzw. Crowdsourcing-Erscheinungsformen zugeordnet. Die Auswirkungen auf das Geschäftsmodell der Unternehmen werden anhand der Aspekte des oben entwickelten Geschäftsmodell-Ansatzes analysiert, wobei der Fokus auf jenen Elementen liegt, die die gravierendsten Unterschiede untereinander oder im Vergleich zum traditionellen Verlagswesen vermuten lassen: Crowdfunding-Modell, Zielgruppen, Kundenbeziehungen, Wertangebot, interne und externe Aktivitäten der Leistungserstellung, Ressourcen und Kosten, externe Partnerinnen und Partner sowie Einnahmen. Die Analyse anhand der festgelegten Kriterien gewährleistet eine Vergleichbarkeit der Fallbeispiele mit dem Ziel, Erfolgsfaktoren für Crowdfunding im Verlagswesen zu identifizieren und Handlungsempfehlungen für die Integration von Crowdfunding geben zu können.

5.1 Crowdfunding im Verlagswesen

Crowdfunding wird im Verlagswesen als Geschäftsmodell bereits vielfältig genutzt. Verlage gründen eigene Crowdfunding-Plattformen (100Fans der Münchner Verlagsgruppe) oder bedienen sich vorhandener Intermediäre (Kladde Buchverlag), setzen Crowdfunding ausschließlich (Unbound) oder lediglich zur Co-Finanzierung ihrer Werke ein (Feder & Schwert) und greifen auf die Crowd in unterschiedlichen

Intensitäten auch als Ideengeberin und -geber, zur Produktgestaltung oder zur Wissensgenerierung (Neobooks, Wikibooks, De Gruyter) zurück. Die untenstehende Grafik bietet einen Überblick der aktuellen Praxisanwendungen von Crowdsourcing – als übergeordnetes Konzept von Crowdfunding – in der deutschen Buchbranche.

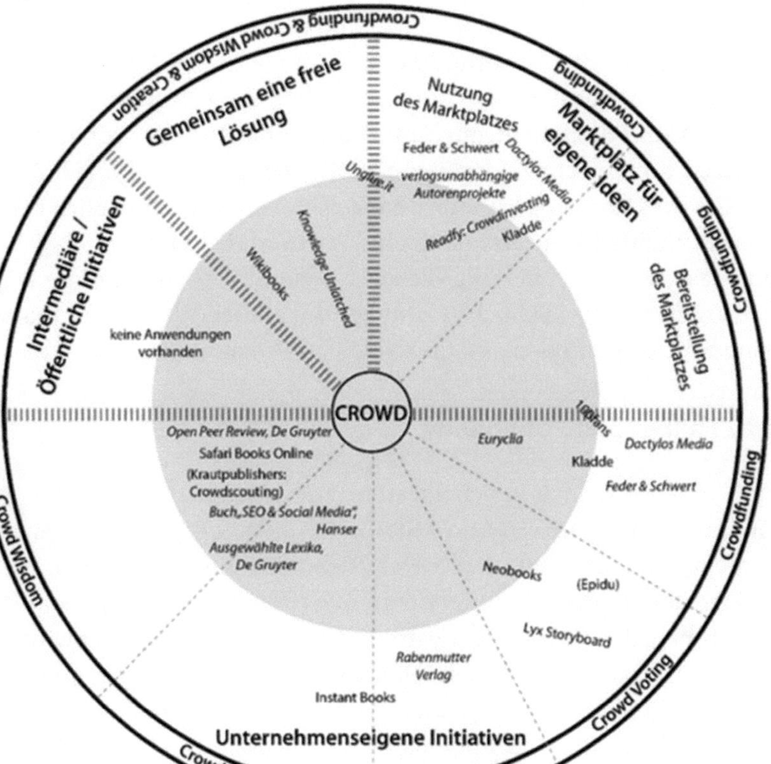

Abbildung 11: Anwendung von Crowdsourcing in der deutschen Buchbranche (Letz (2014d), o. S.).

Als Beispiele für Verlage, die Crowdfunding mit dem Geschäftsmodell eines klassischen Buchverlages kombinieren, wird im folgenden Kapitel der britische Verlag Unbound sowie der amerikanische Verlag Inkshares vorgestellt. Die Plattform Neobooks dient als Beispiel dafür, wie ein deutscher Verlagskonzern die Crowd für seine Zwecke nutzt. Ergänzt werden diese Case Studies aus der deutschen, britischen und amerikanischen Buchbranche durch die Analyse des Geschäftsmodells von Pentian, einer Online-Plattform aus Spanien, die Self-Publishing mit Crowdfunding verbindet und sich dabei anders als die anderen Fallbeispiele dem Modell des Equity-based-Crowdfunding bedient.

Da zahlreiche bei der Gründung von den Medien gehypte Geschäftsmodelle von Verlagen oder branchenfremden Unternehmen im Zusammenhang mit Crowdfunding nach nur wenigen Jahren stillgelegt wurden (z. B. Pubslush, ein amerikanischer Crowdfunding-Verlag, der seinen Marktplatz nicht nur Autorinnen und Autoren, sondern auch anderen Konkurrenz-Verlagen zur Verfügung gestellt hat) oder aktuell der Crowd keine Projekte anbieten (z. B. der sich ausschließlich mittels Crowdfunding finanzierende Kladde Buchverlag) werden im folgenden nur Case Studies dargestellt, die auf ein zumindest zweijähriges Bestehen am Markt zurückblicken können und aktuell Werke zur Finanzierung bzw. Bewertung durch die Crowd im Programm haben.

5.1.1 Fallbeispiel »Unbound«

Bei Unbound handelt es sich um einen 2011 gegründeten britischen Verlag mit 20 Mitarbeitern und Mitarbeiterinnen, der Schlüsselelemente von Crowdfunding mit dem Geschäftsmodell eines klassischen Buchverlages kombiniert.[254] Hinter dem konzernunabhängigen Start-up-Unternehmen, das auch als »Crowdfunding-Label«[255] bezeichnet wird, stehen die drei englischen Autoren John Michinson, Dan Kieran und Justin Pollard. Mit überwiegend privat aufgebrachtem Startkapital wollten sie eine Alternative zum traditionellen Verlagswesen schaffen:[256] »Our goal is to break down the barriers between authors and readers. We believe that both deserve a greater say in which books get published, and we're building a platform to help them do that.«[257] Der Beginn der Wertschöpfungskette ähnelt jenem eines klassischen Verlages: Eine Autorin oder ein Autor stellt Unbound eine Publikationsidee vor, deren Erfolgschancen am Markt von den Verlagsmitarbeiterinnen und -mitarbeitern

254 Vgl. Buchreport (2013a): o. S.; LinkedIn (2015): o. S.
255 Vgl. Warner (2013): o. S.
256 Vgl. Buchreport (2013b): o. S.
257 Unbound (o. J.): o. S.

beurteilt werden. Wird das Buch von Unbound vorselektiert, wird gemeinsam mit der Autorin oder dem Autor die für die Umsetzung bis zum gedruckten Buch benötigte Finanzierungssumme festgelegt. Nun erfolgt die Einbeziehung der Crowd: Auf der unternehmenseigenen Plattform https://unbound.co.uk/ werden die Werke präsentiert und die Suche nach Geldgeberin und Geldgebern beginnt. Die Vorauswahl durch den Verlag, welche Publikationen der Crowd vorgestellt werden, ist ein wesentliches Unterscheidungsmerkmal zu klassischen Crowdfunding-Plattformen wie Kickstarter oder Startnext. Im Anschluss an die erfolgreiche Crowdfunding-Finanzierung beginnt der Schreibprozess der Autorinnen und Autoren.[258] Die Unbound-Bücher können den Genres Belletristik und Sachbuch zugeordnet werden.[259]

Die Beteiligung der Crowd bei Unbound ist finanzieller Natur und entspricht dem Reward-based-Crowdfunding. Als Gegenleistung für die finanzielle Beteiligung erhalten die Leserinnen und Leser das fertige Werk als E-Book oder gedruckt, ein signiertes Exemplar inkl. abgedrucktem Namen der Unterstützerin und des Unterstützers, eine Einladung zur Buchpräsentation etc. – abhängig von der Höhe des Beitrages.[260] Die mittels Schwarmfinanzierung erwirtschafteten Einnahmen werden 50:50 zwischen Autorin und Autor und Unbound geteilt, Druck- und Vertriebskosten werden mit dem Anteil der Plattform abgedeckt.[261]

Der Schreibprozess selbst erfolgt semi-öffentlich im sogenannten »Shed«, zu dem alle Unterstützerinnen und Unterstützer Zugang haben. Die Crowdfunder erhalten dort Projekt-Updates, Probekapitel und Kontaktmöglichkeiten zur Autorin und zum Autor.[262] Unbound zeichnet sich durch eine hohe Transparenz den Leserinnen und Lesern gegenüber aus und ermöglicht Interaktion mit der Autorin und dem Autor. Auf der Online-Plattform können Kommentare hinterlassen, Feedback gegeben und Fragen an die Autorin und den Autor gerichtet werden. Die Leserinnen und Leser werden darüber hinaus nicht in die inhaltliche Gestaltung der Publikation einbezogen, neben Crowdfunding findet daher keine weitere Form des Crowdsourcing Anwendung.

---

258 Vgl. Buchreprot (2013b): o. S.

259 Vgl. Unbound (o. J.): o. S.

260 Vgl. Rooney (2014): o. S.

261 Vgl. Warner (2013): o. S.

262 Vgl. Letz (2014): S. 53.

Zwischen 2011 und 2014 konnten insgesamt 54 Bücher erfolgreich via Unbound finanziert und publiziert werden. Auffallend ist die Bekanntheit mancher Autorinnen und Autoren, die zum Großteil bereits im Vorfeld über eine große Community bzw. Fanbase verfügten. Beispielsweise hat Terry Jones, der, durch Monty Python bekannt, alleine auf Twitter über 200.000 Follower hat, seinen Erzählband »Evil Machines« via Unbound vorfinanzieren lassen. Der Community-Aspekt ist für Unbound wesentlich, da der Erfolg des Geschäftsmodells von Unbound stark von der Größe des Netzwerks der neuten Autorin und des neuen Autors bzw. in Folge der Plattform selbst abhängt. Unbound hat aktuell rund 50.000 registrierte Leserinnen und Leser bzw. Userinnen und User, die sich aus Fans der Autorinnen und Autoren bzw. Fans des Unbound-Prinzips zusammensetzen.[263]

Die Zielgruppe von Unbound besteht demnach aus Leserinnen und Lesern auf der einen Seite, die die Werke der Autorinnen und Autoren auf der anderen Seite finanzieren. Unbound eignet sich für »Autoren mit Experimentierfreude«[264], die über eine entsprechend große Fanbase verfügen, technikaffin und bereit sind, ihr Netzwerk mit Sozialen Medien für die Finanzierung ihrer Publikation zu aktivieren.[265] Auch die Leserinnen und Leser, die durch den Crowdfunding-Verlag angesprochen werden, bringen eine Affinität für technik- und internetrelevante Themen mit. Dem wird Unbound gerecht, indem es seit Anfang 2014 auch die Kryptowährung Bitcoin als Zahlungsmittel akzeptiert.[266]

Unbound selbst kann als Multi-sided Platform bezeichnet werden: Zwei voneinander abhängige Kundengruppen werden zusammengebracht und Interaktion ermöglicht. Die für Unbound relevante Kategorie von Kundenbeziehung ist die der »Communities«: Über die Online-Plattform können die Community-Mitglieder miteinander in Verbindung treten und der Verlag erlangt ein tieferes Verständnis für seine Zielgruppen Autorinnen und Autoren sowie Leserinnen und Leser.

Das Wertangebot für die Zielgruppe der Autorinnen und Autoren liegt einerseits in der Finanzierung durch Unbound als Crowdfunding-Plattform und andererseits durch klassische Verlagsservices wie

---

263 Vgl. Hesse (2014): o. S.

264 Warner (2013): o. S.

265 Vgl. Rooney (2014): o. S.

266 Vgl. Warner (2014): o. S.

Lektorat, Marketing, Produktion etc. durch Unbound als Verlag. Bis 70 Prozent der relevanten Finanzierungssumme durch die Crowd erreicht werden, sieht sich Unbound als »funding platform«, die das Marketing und die Crowdfunding-Kampagne komplett der Autorin und dem Autor mit Hilfe seines bereits vorhandenen Netzwerkes überlässt. Sobald das Projekt die 70-Prozent-Hürde erreicht, wird Unbound zum Verlag und übernimmt eine aktivere Rolle bei dessen Vermarktung, Produktion etc.[267] Attraktiv für Autorinnen und Autoren ist neben der 50:50-Teilung der Crowdfunding-Einnahmen auch die Geschwindigkeit, mit der das Buch nach Fertigstellung auf den Markt gebracht wird. Bei Terry Jones lag das Buch vier Monate nach dem Ende der Crowdfunding-Phase bereits in den Regalen.[268]

Das Wertangebot für die Unterstützerinnen und Unterstützer ist zum einen die Gegenleistung, d. h. das Werk an sich, die Teilnahme an der Buchpräsentation, eine persönliche Lesung etc. Andererseits ermöglicht es Unbound den Leserinnen und Lesern, Teil der Community und des Netzwerkes der Autorin oder des Autors zu sein und aktiv mit diesem in Verbindung zu treten. Die Leserin und der Leser erhalten vorab Einblicke in fertige Kapitel des Buches und profitiert von regelmäßigen Projektupdates der Autorin und des Autors. Auch der oben beschriebene »Erfolg des eigenen Engagements« spielt eine wesentliche Rolle, da die Veröffentlichung des Buches ohne den eigenen finanziellen Beitrag nicht möglich gewesen wäre. Als Teil des Wertangebots kann die »Verfügbarkeit« gesehen werden: Produkte und Dienstleistungen werden Kundinnen und Kunden zugänglich gemacht, denen diese vorher nicht zur Verfügung standen.[269] Unbound bietet Büchern mit Nischeninhalten mittels Crowdfunding eine Chance, publiziert zu werden und besetzt damit eine Marktlücke, die große durch kommerzielle Vorgaben getriebene Publikumsverlage nicht füllen können.[270]

Als für das Geschäftsmodell relevante Ressourcen bzw. Aktivitäten zur Leistungserstellung, die über die eines traditionellen Verlages hinausgehen, können die verlagsinterne Crowdfunding-Plattform inkl. dem Autoren-Shed bzw. deren Entwicklung, Bereitstellung und War-

---

267 Vgl. Rooney (2014): o. S.

268 Vgl. Warner (2013): o. S.

269 Vgl. Osterwalder/Pigneur (2011): S. 29.

270 Vgl. Buchreport (2013b): o. S.

tung genannt werden. Notwendig ist das Management der Crowdfunding-Elemente parallel zu jenen eines klassischen Verlages, da Unbound beide Geschäftsmodelle in sich vereint.

Als externer Partner dient seit Anfang 2015 Cornerstone, eine Sparte des traditionellen Verlagshauses Penguin Random House, die den Vertrieb der Unbound-Bücher übernommen hat.[271]

Erlöse erzielt Unbound indem es 50 Prozent der mittels Schwarmfinanzierung erzielten Einnahmen minus den Kosten für Druck und Vertrieb für sich behält. Zusätzlich hat Unbound seit seiner Gründung Venture Capital-Gesellschaften (Forward Venture Partners, DFJ Esprit) und Angel Investoren (Paul Birch) zur Sicherstellung der wirtschaftlichen Tragfähigkeit gewinnen können.[272]

Wie in Kapitel 2.4.3 beschrieben, existieren laut Ordanini et al. drei unterschiedliche Geschäftsmodell-Varianten für Crowdfunding-Plattformen: die Plattform als neuer Intermediär, als Substitut eines traditionellen Intermediärs oder die Disintermediation.[273] Unbounds Plattform, die eine Verlagsstruktur mit Crowdfunding-Elementen verbindet, tritt als Substitut eines traditionellen Intermediärs auf. Als Alternative zum Verlag entscheidet die Crowd, welche Werke publiziert werden.

5.1.2 Fallbeispiel »Neobooks«

Das Selfpublishing-Portal Neobooks wurde 2010 von der zum Georg v. Holtzbrinck-Konzern gehörenden deutschen Verlagsgruppe Droemer Knaur gegründet. Neobooks bietet Selfpublishern eine Publikationsplattform inkl. Unterstützung bei Marketing, Lektorat und Vertrieb. Autorinnen und Autoren können ihre Manuskripte auf der Plattform online stellen, mit anderen registrierten Userinnen und Usern teilen und von diesen bewerten lassen. Neobooks dient in erster Linie der Verlagsgruppe Droemer Knaur bzw. seit 2014 auch der Holtzbrinck-Schwester Rowohlt als Talentschmiede. Die Crowd wird zur Bewertung der Manuskripte genutzt, erfolgreiche Selfpublisher erhalten in Folge die Chance auf einen traditionellen Verlagsvertrag. Neobooks sieht sich als Beweis dafür, dass sich Publikumsverlag und Selfpublis-

271 Vgl. Rooney (2015): o. S.
272 Vgl. Hesse (2015): o. S.
273 Vgl. Ordanini et al. (2011): S. 477.

hing hervorragend ergänzen.[274] Aktuell betreuen 11 Mitarbeiterinnen und Mitarbeiter die derzeit 12.000 lieferbaren Titel und die Community mit über 40.000 registrierten Mitgliedern.[275]

Die Beteiligung der Crowd ist bei Neobooks nicht finanzieller Natur, sondern dient der Qualitätsbeurteilung und Erfolgseinschätzung der Publikationen. Die Crowd bewertet die Manuskripte (Crowdvoting) und liefert den verlagsinternen Lektorinnen und Lektoren einen Markttest als Entscheidungsgrundlage sowie einen Einblick in die Interessen der Leserschaft.[276]

Neobooks verfügt über eine große Community: Insgesamt 40.000 registrierte Nutzerinnen und Nutzer lesen und rezensieren die Titel und tauschen sich untereinander aus. Die Zielgruppen Leserinnen und Leser sowie Autorinnen und Autoren sind Teile der Community und stehen in direktem Kontakt zueinander. Wie bei Unbound handelt es sich auch hierbei um eine Multi-sided Platform: Neobooks dient als Intermediär und ermöglicht über die zur Verfügung gestellte Plattform die Interaktion der voneinander abhängenden Kundensegmente. Neben den »Communities« zeichnet sich die Kundenbeziehung bei Neobooks zusätzlich durch die aktive »Mitbeteiligung« der Kundinnen und Kunden aus: Die Leserinnen und Leser werden in den Wertschöpfungsprozess zur Verbesserung und Bewertung der Produkte integriert.[277]

Das Wertangebot für die Zielgruppe der Autorinnen und Autoren besteht aus drei Faktoren. Erstens bietet Neobooks den Selfpublishing-Autorinnen und -Autoren ein umfassendes Service: Unterstützung bei der Konvertierung der Manuskripte, Tipps für das Marketing, kostenlose ISBN, die Belieferung von über 300 Online-Buchhändlern uvm.[278] Maximale Transparenz in Bezug auf die Verkaufszahlen wird den Autorinnen und Autoren durch die Neobooks-App mit tagesaktuellen Download-Zahlen, Umsätzen im Zeitverlauf etc. garantiert.[279] Zweitens dient Neobooks durch die Einbeziehung der Crowd der Evaluierung der eigenen Werke. Ob die Publikation Erfolgspotential hat, kann durch die Response der Crowd eingeschätzt werden. Neben der »Marktfor-

274 Vgl. Buchreport (2014a): o. S.
275 Vgl. Neobooks (o. J.a): o. S.
276 Vgl. Letz (2014d): o. S.
277 Vgl. Osterwalder/Pigneur (2011): S. 33.
278 Vgl. Neobooks (o. J.b): o. S.
279 Vgl. Neobooks (o. J.c): o. S.

schung durch die Crowd«, wie in Kapitel 2.4.1 beschrieben, dient die Crowd auch als Ideengeber. Das Feedback der Leserinnen und Leser auf der Online-Plattform kann von den Autorinnen und Autoren zur Verbesserung oder Anpassung des Produktes an die Kundenwünsche genutzt werden. Drittens bietet Neobooks den Autorinnen und Autoren die Möglichkeit, die Qualität ihres Werkes zu demonstrieren und nach positiver Resonanz der Crowd die Chance auf einen Verlagsvertrag mit Droemer Knaur bzw. Rowohlt zu erhalten.

Das Wertangebot für die Leserinnen und Leser besteht u. a. in der Community, die Neobooks begründet. Der Anreiz, gemeinsam mit anderen Lesern und vor allem mit der Autorin oder dem Autor zu interagieren, ist ausschlaggebend für die Teilnahme. Auch der »Wunsch nach Mitbestimmung« wird erfüllt, denn die individuelle Bewertung bestimmt das zukünftige Schicksal einer Publikation und bietet die Möglichkeit, neue Trends von Anfang an zu begleiten. Das Wertangebot für die Leserinnen und Leser ist außerdem durch die größtenteils kostenlose Rezeption neuer Inhalte geprägt.[280] Anders als bei Unbound bietet Neobooks aber keine Gegenleistungen in Form materieller oder ideeller Anerkennung durch Prämien oder »Dankeschöns«.

Die für das Geschäftsmodell von Neobooks relevanten Aktivitäten zur Leistungserstellung bestehen zum einen aus dem Autoren-Service der Selfpublishing-Plattform (technische Unterstützung, Druck, Vertrieb) und zum anderen aus der Betreuung der Online-Community und dem organisatorischen und technischen Management der Kundenbewertungen (Crowdvoting). Die dafür notwendigen Ressourcen, die über jene traditioneller Verlage hinausgehen, hängen mit der Online-Plattform selbst, deren personeller Betreuung und den notwendigen finanziellen Ressourcen für die Entwicklung und Wartung zusammen. Ina Fuchshuber, ehemals Leiterin von Neobooks, gibt an, dass zusätzliches Personal zur Titelselektion, Auswertung der User-Daten und für das Schnittstellenmanagement zur Integration der Titel das klassische Programm erforderlich waren: »Für Neobooks mussten insbesondere technische Kompetenzen inhouse aufgebaut bzw. […] fähige Dienstleister gefunden werden.«[281]

---

280 Vgl. Letz (2014): S. 51.

281 Letz (2014): S. 52.

Zu den externen Partnern zählt der Taschenbuchverlag Rowohlt. Entsprechend der Kategorisierung nach Osterwalder/Pigneur[282] handelt es sich hierbei um eine strategische Partnerschaft zwischen (konzerninternen) Wettbewerbern.

Die Einnahmen bei Neobooks erfolgen anders als bei Unbound ausschließlich über den regulären Verkauf der E-Books über diverse Vertriebspartner. Die Autorinnen und Autoren erhalten 70 Prozent des Nettoverlagserlöses, 30 Prozent verbleiben bei Neobooks.

Entsprechend der Klassifikation von Ordanini et al.[283] handelt es sich bei der Selfpublishing-Plattform Neobooks um das Substitut eines traditionellen Intermediärs. Da Neobooks mit Droemer Knaur bzw. Holtzbrinck aber einen Verlagskonzern hinter sich hat, fungiert der Verlag mit der Online-Plattform als seine eigene Substitution, um unternehmensexterner Konkurrenz zuvor zu kommen.

5.1.3 Fallbeispiel »Inkshares«

Inkshares wurde 2013 in San Francisco als konzernunabhängiges Startup gegründet und beschäftigt aktuell 7 Mitarbeiter und Mitarbeiterinnen. Ähnlich wie Unbound handelt es sich bei Inkshares um einen »Crowdfunded Publisher«,[284] einer Kombination aus traditionellem Verlag und Crowdfunding-Plattform. Das erklärte Ziel ist es, nach einer Vorselektion durch Inkshares ausschließlich die Crowd entscheiden zu lassen, welche Werke publiziert werden sollen. Im Gegensatz zu Unbound, das durch Reward-based-Crowdfunding den Geldgeberinnen und Geldgebern Dankeschöns als Gegenleistungen anbietet, und anders als Neobooks, mit dessen Hilfe die Crowd Publikationen ohne finanzielle Beteiligung bewerten kann, funktioniert Inkshares nach dem Pre-Ordering-Prinzip. Durch die Vorbestellung der Werke ermöglichen die zukünftigen Leserinnen und Leser die Vorfinanzierung der Produktionskosten.[285] Das Motto von Inkshares lautet entsprechend: »Our process is simple: authors pitch, readers pre-order, and we publish.«[286]

282 Vgl. Osterwalder/Pigneur (2011): S. 42.

283 Vgl. Ordanini et al. (2011): S. 477.

284 Gomolin (2014): o. S.

285 Vgl. Inkshares (o. J.a): o. S.

286 Inkshares (o. J.a): o. S.

Bezüglich der Höhe der notwendigen Vorbestellungen hat Inkshares zwei Hürden implementiert, die es zu überwinden gilt, um als Autorin oder Autor von den umfangreichen Verlagsservices der Plattform profitieren zu können. Ab 250 Vorbestellungen qualifiziert sich eine Autorin oder ein Autor für die »Quill-Collection«: Dies beinhaltet eine ISBN, Lektorat, eingeschränkte physische und digitale Distribution, signierte Print-on-demand-Exemplare für alle Unterstützerinnen und Unterstützer und eine Autorenbeteiligung von 50 Prozent bei gedruckten Büchern bzw. 70 Prozent bei E-Books an allen Einnahmen, die nach der ersten Hürde der 250 Vorbestellungen lukriert werden.[287] Die Preise für die Vorbestellungen reichen von rund 10 Dollar für das E-Book, 20 Dollar für die Taschenbuch- bis zu 30 Dollar für die Hardcover-Ausgabe. Kinderbücher sind mit 30 bzw. Bildbände mit 50 Dollar im Hochpreissegment angesiedelt.[288] Bestellt die Crowd mehr als 750 Werke der Autorin oder des Autors, bietet Inkshares die gleichen Services wie ein traditioneller Verlag: Lektorat, Herstellung, Design, Marketing, Offset-Druck von mindestens 1000 Exemplaren und die Distribution an amerikanische Buchhändler. Inkshares setzt seine Services teilweise nicht mit unternehmensinternen Mitarbeiterinnen und Mitarbeitern um, sondern engagiert externe namhafte Designer, Editoren etc. Daniel Wallace, dessen Bestseller »Big Fish« von Tim Burton verfilmt wurde, hat 2014 sein selbstillustriertes Kinderbuch »The Cat's Pajamas« mit Hilfe von Inkshares publiziert. Inkshares ermöglichte nicht nur die Finanzierung durch die Crowd, der Autorin oder dem Autor wurde auch ein externes Team bestehend aus renommierten Lektoren und Kinderbuchdesigner zur Seite gestellt, um seine Vision zu realisieren.[289]

Inkshares plant das Pre-ordering-Modell zukünftig Richtung Equity-based-Crowdfunding auszuweiten. Wie der Name des Unternehmens bereits suggeriert, sollen zukünftig die Unterstützer an der Publikation, in die sie investiert haben, finanziell beteiligt werden. Der rechtliche Rahmen hierfür wurde durch den amerikanischen JOBS Act geschaffen.[290]

Während die Crowdfunding-Kampagne läuft bzw. nachdem die erforderliche Anzahl an Vorbestellungen erreicht wurde, beginnt der

287 Vgl. Inkshares (o. J.a): o. S.
288 Vgl. Hurst (2015): o. S.
289 Vgl. Gomolin (2014): o. S.
290 Vgl. Gomolin (2013): o. S.

Schreibprozess der Autorinnen und Autoren. Durch regelmäßige Projektupdates auf der Online-Plattform von Inkshares soll die Interaktion mit den Leserinnen und Lesern gefördert werden. Die Unterstützerinnen und Unterstützer haben die Möglichkeit, der Autorin oder dem Autor Kommentare zu hinterlassen und die Publikation mit ihr oder ihm bzw. der Leserschaft zu diskutieren. Die Leserinnen und Leser werden außerdem aufgefordert, die Autorin oder den Autor und ihr oder sein Werk in ihren privaten sozialen Netzwerken weiterzuempfehlen. Autorinnen und Autoren selbst wurde durch die Goodreads-Inkshares-Gruppe eine Community geschaffen, um andere Autorinnen und Autoren kennenzulernen, Tipps für eine erfolgreiche Crowdfunding-Kampagne austauschen und Feedback einholen zu können.[291]

Mit dem Inkshares-Modell wurden seit der Gründung 2013 67 Buchprojekte erfolgreich finanziert. Der Crowdfunding-Verlag möchte unterschiedliche Genres im Buch- und im journalistischen Bereich bedienen, der Großteil der Werke kann aber den Rubriken Fantasy und Science-Fiction zugeordnet werden.[292] Auffallend ist erneut die Bekanntheit vieler Autorinnen und Autoren, die sich bereits vor der Publikation via Inkshares in der Fantasy- oder Science-Fiction-Community einen Namen gemacht haben: Manu Saadia, Gary Whitta, Luke Murphy, Andrew Mayne.[293]

Durch das Pre-Ordering-System bedingt spricht Inkshares wie Unbound und Neobooks zwei Zielgruppen an: Leserinnen und Leser sowie Autorinnen und Autoren. Falls Inkshares seine Vision des Equity-Based-Crowdfunding in Zukunft umsetzt, kommt noch eine dritte Zielgruppe hinzu: Investorinnen und Investoren, die nicht notwendigerweise mit Leserinnen und Lesern gleichzusetzen sind. Inkshares fungiert als Multi-sided-Platform: Zwei voneinander abhängige Zielgruppen werden durch den Online-Intermediär zusammengebracht. Die Kundenbeziehung ist durch »Communities« gekennzeichnet, die den Austausch zwischen Unternehmen und Kundinnen und Kunden, Autorinnen und Autoren sowie Leserinnen und Lesern bzw. den Autorinnen und Autoren untereinander ermöglichen und ein tieferes Verständnis der eigenen Zielgruppe zur Folge haben.

291 Vgl. Goodreads (2016): o. S.

292 Vgl. Inkshares (2016): o. S.

293 Vgl. Dubeau (2015): o. S.

Der Crowdfunding-Verlag hat sich als ideale Plattform herauskristallisiert, um den Nischenmarkt Fantasy und Science-Fiction zu bedienen. Dies stellt Teil des Wertangebots für Autorinnen und Autoren dar. Für den Science-Fiction-Autor Dubeau, der aktuell sein 4. Werk auf Inkshares vorstellt, ermöglicht Inkshares die Produktion zahlreicher neuer und ungewöhnlicher Werke: »There are a lot of us with weird and interesting ideas and very few publishers that will take a second look at our work. However, if we can bring our own audience to the table and Inkshares can get the legitimacy it's looking for, we might see an explosion of new and innovative fiction in the genres.«[294]

Inkshares sucht aktiv externe Partnerschaften und konnte beispielsweise »The Nerdist« Chris Hardwick für sich gewinnen. Der u. a. für den erfolgreichen Nerdist-Podcast und YouTube-Channel bekannte Comedian und Schauspieler gilt als Sprachrohr der Pop-Culture-Generation und nutzt Inkshares zur Etablierung der »Nerdist-Collection«. Unter einer »Collection« wird die Zusammenführung mehrerer Werke unterschiedlicher Autorinnen und Autoren zu einer gemeinsamen Reihe unter der Schirmherrschaft einer bekannten Persönlichkeit verstanden. Die Möglichkeit, in die »Nerdist-Collection« eingeladen zu werden, ist Teil des Wertangebots für Autorinnen und Autoren, da die Reichweite der Publikation um ein Vielfaches steigt. Als Teil der Reihe wird das Werk von der Nerdist-Community wahrgenommen und erhält die Chance, in andere dazugehörende Medienformate – Filme, TV-Serien etc. – integriert zu werden.[295]

Inkshares bietet den Autorinnen und Autoren im Vergleich mit Selfpublishing-Plattformen bzw. traditionellen Verlagen die Vorteile klassischer Verlagsservices, inkl. Marketing und Distribution, bei gleichzeitig höheren Honorarsätzen und direktem Feedback durch die Leserinnen und Leser. Die Interaktion mit der Crowd einerseits und die Community zum Austausch der Autorinnen und Autoren untereinander auf der Online-Plattform Goodreads steigern das Wertangebot zusätzlich.[296]

Wichtiger als die Gegenleistung ist bei Inkshares der »Wunsch nach Mitbestimmung« bzw. der »Erfolg des eigenen Engagements« als Wertangebot für die Leser. Inkshares bietet den Leserinnen und

294 Dubeau (2015): o. S.

295 Vgl. Inkshares (o. J.b): o. S.

296 Vgl. Inkshares (o. J.a): o. S.

Lesern die Möglichkeit mit Hilfe der Vorbestellung mitzubestimmen, welches Werk publiziert werden soll. Nur durch das Engagement der Crowd werden der Produktionsprozess und die Verfügbarmachung der gewünschten Nischeninhalte ermöglicht. Dubeau bezeichnet dies als »sense of ownership«: »There's something magical about being part of the process that brings a book from concept to reality. A sense of ownership that can't be found by simply browsing Amazon. Inkshares is banking that this feeling becomes addictive to its members.«[297]

Um neue Leserinnen und Leser zu gewinnen bzw. bestehende Leserinnen und Leser an die Plattform zu binden, hat Inkshares ein Bonussystem implementiert. Leserinnen und Leser erhalten für Buchrezensionen, Weiterempfehlungen oder den ersten Online-Follower Bonuspunkte, die wiederum für Gratis-Bücher oder Rabatte eingelöst werden können. Das Bonussystem animiert Leserinnen und Leser einer Inkshares-Publikation auch andere Werke zu testen und zu bewerten mit dem Ziel, Entdecker des nächsten Bestsellers zu werden.[298]

Entwickelt sich Inkshares den Plänen entsprechend in Zukunft zu einer Equity-based-Crowdfunding-Plattform, erhöht dies das Wertangebot für die Leserinnen und Leser. Eine finanzielle Beteiligung an der Publikation wird in Aussicht gestellt[299] – vorausgesetzt nach Herstellung, Distribution, Marketing, Autorenhonorar und Buchhandelsrabatte existiert noch ein zu verteilender Gewinn, denn bei einem in einem klassischen Verlag publizierten Roman bleiben in der Regel nur rund 1,4 Prozent des Buchpreises als Verlagserlös übrig.[300]

Zusätzlich zu jenen Ressourcen bzw. Aktivitäten, die das Geschäftsmodell eines traditionellen Verlages ausmachen, ist Inkshares Online-Plattform bzw. dessen Entwicklung und Management relevant. Zu den Aktivitäten gehören sowohl die technische und organisatorische Umsetzung des Crowdfunding-Prozesses als auch die Betreuung der Lesercommunity inkl. des Bonussystems sowie unterstützende Leistungen für Autorinnen und Autoren. Inkshares stellt die Crowdfunding-Plattform zur Verfügung, die Kampagne inkl. des notwendigen Marketings und Social-Media-Einsatzes ist aber Aufgabe der Autorinnen und Au-

297 Dubeau (2015): o. S.
298 Vgl. Inkshares (o. J.a): o. S.
299 Vgl. Gomolin (2013): o. S.
300 Vgl. v. Lucius (2014): S. 143.

toren mit Unterstützung durch die Crowd. Für die technische Abwicklung des Prozesses müssen die entsprechenden Kompetenzen inhouse vorhanden sein oder externe Dienstleister beauftragt werden. Für Lektorat, Herstellung und Design werden Kooperationen mit externen Expertinnen und Experten und anderen Unternehmen eingegangen, um die Autorin oder den Autor entsprechend der Anforderungen ihres oder seines Werkes zu unterstützen.[301] Zu den Aktivitäten zählt auch die Koordination der weiteren externen Partner: Offsetdruckereien bzw. Print-on-Demand-Plattformen für die physische Vervielfältigung, Ingram Publishing Services für die weltweite Distribution, Girl Friday Productions unterstützt bei Editing und Layout, Verkauf via Amazon, Apple und unabhängigen Buchhandlungen.[302]

Zusätzlich zu den Einnahmen über die Vorbestellungen der Crowd – 50 Prozent der Einnahmen durch den Verkauf gedruckter Bücher bzw. 70 Prozent bei E-Books werden an die Autorin oder den Autor weitergegeben – konnte Inkshares 2014 insgesamt 1,2 Millionen Dollar Kapital durch externe Investoren wie z. B. Indicator Ventures und QueensBRidge Venture Partners zur Unterstützung ihres Geschäftsmodells lukrieren.[303]

Entsprechend der Klassifikation von Ordanini et al.[304] substituiert Inkshares den traditionellen Intermediär Verlag.

5.1.4 Fallbeispiel »Pentian«

Pentian versteht sich als Kombination aus Crowdfunding-Plattform für Bücher und Selfpublishing-Portal. Autorinnen und Autoren bietet die Online-Plattform die Chance, ihre in der Regel bereits fertiggestellten Publikationen potentiellen Leserinnen und Lesern vorzustellen, die wiederum durch ihre finanzielle Unterstützung die tatsächliche Produktion des Werkes ermöglichen können.

Anders als Unbound belohnt Pentian nicht nur Autorinnen und Autoren finanziell, sondern auch Unterstützerinnen und Unterstützer erfolgreicher Buchprojekte mit einem Teil der Tantiemen. Was Inkshares

301 Vgl. Gomolin (2013): o. S.
302 Vgl. Inkshares (o. J.a): o. S.
303 Vgl. Crunchbase (2016): o. S.
304 Vgl. Ordanini et al. (2011): S. 477.

für die Zukunft plant, hat Pentian damit bereits in sein Geschäftsmodell integriert: Equity-based-Crowdfunding.[305]

Pentian wurde 2004 in Spanien als traditioneller Verlag gegründet. 2009 haben die drei Pentian-Gründer mit IT- bzw. Verlagsbackground aufgrund der zunehmenden Popularität von E-Books begonnen, Selfpublishing-Elemente in ihr Geschäftsmodell zu integrieren. Laut Enrique Parrilla, CEO von Pentian, fehlten Autorinnen und Autoren jedoch oft die finanziellen Mittel für Herstellung, Druck und Vermarktung des eigenen Buches, weshalb der Verlagsprozess mit Crowdfunding kombiniert wurde: »We saw a need that wasn't being met, and even more so, a way to make self-publishing succeed while rewarding everyone that was part of the process.«[306] Laut eigenen Angaben wurden in Spanien alleine in den ersten acht Monaten 180 Kampagnen erfolgreich finanziert, seit 2014 werden in den USA ähnliche Erfolge aufgrund des hohen Anteils der spanischsprechenden Bevölkerung erzielt.[307]

Die Nutzung von Pentian ist für Autorinnen und Autoren sowie Unterstützerinnen und Unterstützer kostenfrei. Wird die von der Autorin oder vom Autor eingereichte Publikation von dem Team aus 25 Verlegerinnen und Verlegern, Grafikerinnen und Grafikern sowie Redakteurinnen und Redakteuren positiv hinsichtlich gewisser Qualitätsstandards beurteilt, wird das Projekt auf der Webseite präsentiert. Ähnlich zu den oben präsentierten Fallbeispielen nutzt auch Pentian das Instrument der Vorselektion. Gemeinsam mit der Autorin oder dem Autor des Werkes erfolgen die Festlegung des Finanzierungsziels abhängig von Seitenanzahl, Design, Layout etc. sowie das Design eines Covers. Nun werden die Unterstützerinnen und Unterstützer in den Crowdfunding-Prozess eingebunden: Auf der Pentian-Plattform können die Projekte einer Evaluation hinsichtlich Qualität des Werkes, der Kampagne und des Marketingplans unterzogen werden, bevor die Entscheidung zur finanziellen Unterstützung fällt.[308]

Die Beteiligung der Crowd ist finanzieller Natur und entspricht einer Kombination aus Reward- und Equity-based-Crowdfunding. Die Investorinnen und Investoren erhalten als Kompensation für ihre fi-

305 Vgl. Pentian (o. J.a): o. S.
306 Abrams (2014): o. S.
307 Vgl. Pentain (o. J.a): o. S.
308 Vgl. Pentian (o. J.a): o. S.

nanzielle Unterstützung eine materielle, ideelle und finanzielle Gegenleistung. Abhängig von der Höhe der investierten Summe handelt es sich hierbei um die Publikation in Form eines E-Books oder gedruckten Buches, ein signiertes Exemplar oder Abdruck des Namens der Unterstützerin oder des Unterstützers im Buch und eine 0,5- bis 4-prozentige Gewinnbeteiligung für 3 Jahre. Insgesamt gehen 50 Prozent des Gewinns an die Investoren, 40 Prozent an die Autorin oder den Autor und 10 Prozent verbleiben bei Pentian. Die Integration des Equity-based-Crowdfundings ist das Hauptunterscheidungsmerkmal von Pentian zu anderen Plattformen wie Kickstarter, Unbound oder Inkshares. Sobald die Crowdfunding-Periode von 60 Tagen vorbei ist und das Finanzierungsziel vollständig erreicht wurde, übernimmt Pentian die klassischen Aufgaben eines Verlages: Lektorat, Druck bzw. E-Book-Erstellung und Distribution. Die Online-Plattform http://pentian.com wird nach Abschluss der Finanzierungskampagne zu Marketing- und Verkaufszwecken für das Buch genutzt.[309] Die Autorinnen und Autoren werden in alle Schritte des Publikationsprozesses einbezogen, verfügen aber anders als bei reinen Selfpublishing-Plattformen nicht über hundertprozentige künstlerische Freiheit. Argumentiert wird dies mit der Verpflichtung Pentians gegenüber den Investoren, ein qualitativ hochwertiges Werk mit Chance auf Bestseller-Status zu produzieren.[310]

Zu den Zielgruppen der Plattform gehören Autorinnen und Autoren sowie Leserinnen und Leser bzw. Investorinnen und Investoren. Wie Unbound und Inkshares versucht auch Pentian populäre Persönlichkeiten sowie Autorinnen und Autoren für die Plattform zu gewinnen, die sich bereits vor dem Start der Crowdfunding-Kampagne durch andere mit Hilfe traditioneller Verlage herausgegebener Werke eine Fanbase aufgebaut haben. Als Beispiele können der Autor Andrés Gonzales-Barba und der Sportreporter Gaspar Rosety genannt werden, die beide nicht mit der Einflussnahme ihres alten Verlages einverstanden waren.[311]

Auf Pentian sind Werke unterschiedlichster Genres (Sachbuch, Kinderbuch, Liebesromane, Science-Fiction) vertreten, bei dem Großteil

309 Vgl. Pentian (o. J.a): o. S.
310 Vgl. Berkowitz (2015): o. S.
311 Vgl. Abrams (2014): o. S.

handelt es sich um spanischsprachige Belletristik.[312] Der Fokus auf spanischsprachige Literatur ist für den Erfolg Pentians in Spanien, Mittel- und Südamerika und den USA mitverantwortlich.

Die Unterstützerinnen und Unterstützer der Plattform, d. h. die Investorinnen und Investoren, müssen nicht zwingendermaßen mit den Leserinnen und Lesern, d. h. den Endkundinnen und -kunden der Autorinnen und Autoren, ident sein. Die Leserinnen und Leser werden durch das Wertangebot der finanziellen Gegenleistung zusätzlich angesprochen. Der Wunsch nach Mitgestaltung oder das Bestreben der Leserinnen und Leser, Teil einer Communtiy zu sein, spielt bei Pentian nur eine untergeordnete Rolle. Die Plattform bietet Autorinnen und Autoren zwar die Möglichkeit, regelmäßige Projektupdates auf ihrer Kampagnenseite online zu stellen, erlaubt aber keine Kommentare oder Feedback. Die Leserinnen und Leser werden nicht zur Mitgestaltung (Crowdcreation) oder öffentlichen Bewertung beispielsweise durch eine 5-Stern-Skala (Crowdvoting) aufgerufen. Inhaltliche Mitgestaltung ist auch aus dem Grund nicht möglich, da die auf Pentian präsentierten Werke zum Start der Kampagne in der Regel – aber nicht zwingendermaßen – bereits fertiggestellt worden sind. Pentian konzentriert sich auf Crowdfunding ohne zusätzliche Crowdsourcing-Elemente zu integrieren.[313] Durch die finanzielle Beteiligung der Investorinnen und Investoren am Gewinn der Publikation verstärkt sich der Multiplikatoreffekt: Die Unterstützerinnen und Unterstützer sind eher gewillt, das Buch auch in ihren eigenen sozialen Netzwerken zu verbreiten, wenn sich dadurch die Chance nach einer finanziellen Gegenleistung erhöht.[314]

Die Kundenbeziehung unterscheidet sich nicht wesentlich von traditionellen Verlagen, die ihre Werke über Direktvertrieb anbieten: Durch die Verkaufszahlen können Präferenzen der Leserinnen und Leser abgelesen bzw. durch die Anzahl der Autorinnen und Autoren und eingereichten Publikationen Rückschlüsse auf die Attraktivität des Geschäftsmodells und der Pentian-Plattform gezogen werden. Es besteht keine Interaktion zwischen Leserinnen und Lesern sowie Autorinnen und Autoren. Die einseitige Kommunikation durch die Projektupdates der Autorinnen und Autoren degradiert die Leserin und den Leser wie-

312 Vgl. Pentian (o. J.b): o. S.
313 Vgl. Pentian (o. J.a): o. S.
314 Vgl. Meyer (2015): o. S.

der zur ausschließlich passiven Empfängerin und passiven Empfänger der Marketingbotschaften.

Das Wertangebot für die Zielgruppe der Autorinnen und Autoren besteht in den Verlagsservices der Selfpublishing-Plattform einerseits (Coverdesign, Layout, Druck, Konvertierung unterschiedlicher E-Book-Formate, Distribution etc.), und der Finanzierung der Publikation durch die Crowd andererseits. Laut eigenen Angaben nutzt Pentian im Gegensatz zu Inkshares ausschließlich eigene Mitarbeiterinnen und Mitarbeiter, keine Stufe der Wertschöpfungskette wird ausgelagert. Als zusätzliches Wertangebot kann auch das Autorenhonorar gesehen werden, das mit 40 Prozent der Umsatzerlöse zwar niedriger als bei anderen Plattformen (z. B. 50 Prozent bei Unbound), aber deutlich höher als bei traditionellen Verlagen ist.[315] Attraktiv für Autorinnen und Autoren ist der Multiplikatoreffekt durch die Crowd, der aufgrund der finanziellen Verknüpfung von Leserin und Leser sowie Autorin und Autor deutlich stärker ausfällt als bei vergleichbaren Plattformen.[316] Investieren Leserinnen und Leser nicht nur emotional, sondern auch finanziell in eine Publikation, steigt deren Motivation, das Buch in den eigenen Netzwerken weiterzuempfehlen.[317] Durch das höhere Engagement der Leserin und des Lesers wird in Folge die Crowdfunding-Kampagne für mögliche Fortsetzungen oder weitere Werke der Autorin oder des Autors vereinfacht.[318] Im Gegensatz zu anderen Plattformen wie Inkshares übernimmt die Crowd aber nicht die Funktion der Ideengeberin oder des Ideengebers. Die Crowd wird nicht zur Mitgestaltung eingeladen, das Engagement der Leserinnen und Leser bezieht sich rein auf den finanziellen Aspekt bzw. die Weiterempfehlungen im eigenen Netzwerk.

Zu jenen Ressourcen bzw. Aktivitäten zur Leistungserstellung, die über die eines traditionellen Verlags hinausgehen, kann die unternehmenseigene Online-Plattform gezählt werden, die Selfpublishing- und Crowdfunding-Elemente miteinander kombiniert. Außergewöhnlich ist, dass Pentian laut eigenen Angaben nicht mit externen Dienstleistern zusammenarbeitet. Sämtliche den Autorinnen und Autoren angebote-

---

315 Bei traditionellen Verlagen beträgt das Autorenhonorar zwischen 10 und 12 Prozent vom Ladenpreis ohne MwSt., vgl. von Lucius (2014): S. 143.

316 Vgl. Meyer (2015): o. S.

317 Vgl. Bacon (2014): o. S.

318 Vgl. Meyer (2015): o. S.

ne Verlagsservices werden inhouse umgesetzt und nicht an externe Freelancer ausgelagert. Dies beinhaltet die Herstellung der Publikationen gleichermaßen wie die Entwicklung der Software für die Online-Plattform bzw. deren Wartung und Management. Enrique Parilla, Gründer und CEO von Pentian, verfügt über mehr als 17 Jahre Erfahrung im Bereich Technologie und Software-Entwicklung im Gesundheitswesen und Telekommunikation.[319] Für ihn ist auch die Software-Nutzung zur Beurteilung der Qualität bzw. Auswahl der für Pentian geeigneten Publikationen denkbar: »Through the use of our technology we were able to greatly accelerate the process. There are a couple of very interesting algorithms that take care of some tasks that previously could only be done by a human reader.«[320] Bedeutsame Bestandteile des Geschäftsmodells von Pentian sind die intellektuellen Ressourcen in Form von Firmenwissen und technischen Patenten.[321] Pentian hebt als Einnahmequelle keine Vermittlungsprovision wie beispielsweise Kickstarter ein, sondern behält 10 Prozent der Nettoverkaufserlöse.[322]

Der Geschäftsmodell-Klassifikation von Crowdfunding-Plattformen von Ordanini et al.[323] folgend kann Pentian als neuer Intermediär bezeichnet werden. Die Online-Plattform, die Lesern die finanzielle Beteiligung an Büchern ermöglicht, nimmt die Rolle eines Intermediärs ein, der bisher nicht existiert hat.

5.2 Crowdfunding in der Filmindustrie

Als ein erfolgreiches Praxisbeispiel einer verlagsfremden aber ebenfalls kreativen Branche wird das Filmstudio Warner Bros. Entertainment präsentiert, das 2013 die Produktionskosten für den Film »Veronica Mars« via Kickstarter lukrieren konnte. Das Fallbeispiel zeigt einen aktuellen Crowdfunding-Trend: Die Nutzung von Crowdfunding ist nicht mehr einzelnen Künstlerinnen und Künstlern, technologischen Startups oder KMUs vorbehalten, sondern wird auch verstärkt von etablierten Konzernen eingesetzt.[324]

319 Vgl. Pentian (o. J.c): o. S.
320 Berkowitz (2015): o. S.
321 Vgl. Osterwalder/Pigneur (2011): S. 39.
322 Vgl. Pentian (o. J.a): o. S.
323 Vgl. Ordanini et al. (2011): S. 477.
324 Vgl. Godelnik (2013): o. S.

5.2.1 Fallbeispiel »Warner Bros. Entertainment«

Warner Bros. Entertainment (Warner Bros.) ist eine US-amerikanische Film- und Fernsehgesellschaft mit Sitz in Burbank, Kalifornien. Warner Bros. gehört zum Time-Warner-Konzern und zählt zu den sogenannten »Majors«, den sechs größten Filmunternehmen in den Vereinigten Staaten.[325] 2014 erwirtschaftete Warner Bros. einen Umsatz von 12,53 Milliarden Dollar.[326] Abhängig von den laufenden Film- und Fernsehproduktionen beschäftigt das Studio zwischen 5.000 und 10.000 Mitarbeiter und Mitarbeiterinnen.[327]

2013 gelang es Rob Thomas, Drehbuchautor und Produzent der Fernsehserie Veronica Mars, mit Hilfe einer Kickstarter-Kampagne 5,7 Millionen Dollar einzusammeln, um eine Filmadaption der Serie zu ermöglichen. Die Fernsehserie, die von einer High-School-Schülerin als Privatdetektivin handelt, wurde 2007 nach 3 Jahren auf Sendung aufgrund schlechter Kritiken und sinkender Zuschauerzahlen eingestellt. Mehr als 91.000 Fans von Veronica Mars – die sogenannten »Marshmallows« – sorgten 2013 via Kickstarter in nur 12 Stunden dafür, dass das angesetzte Finanzierungsziel von 2 Millionen Dollar erreicht werden konnte.[328] Die Veronica-Mars-Kampagne zählt zu den bisher erfolgreichsten Crowdfunding-Initiativen und motivierte auch andere in der Filmbranche, es Rob Thomas gleichzutun.[329] Die Crowdfunding-Kampagne für Veronica Mars beweist, dass nicht mehr nur Einzelpersonen, unabhängige Künstlerinnen und Künstler oder kleine Start-ups Crowdfunding-Plattformen für ihre Zwecke nutzen können. Während nämlich Rob Thomas die Kickstarter-Kampagne initiiert und durchgeführt hat, ging die finanzielle Unterstützung der Fans an das Filmstudio Warner Bros. als Rechteinhaber.[330] Das Magazin Wired bezeichnet diese Konstellation als »hybrid of crowd-funded-but-studio-released«:[331] »Fan works are nothing new, but this hybrid of crowd-funded-but-studio-released is something different and interesting, especially for mo-

325 Vgl. Warner Bros (o. J.): o. S.

326 Vgl. Statista (2015b): o. S.

327 Vgl. Warner Bros (o. J.): o. S.

328 Vgl. Godelnik (2013): o. S.

329 Vgl. Pilarczyk (2014): o. S.

330 Vgl. Godelnik (2013): o. S.

331 McMillan (2013): o. S.

vie executives looking to exploit properties with little financial risk to themselves.«[332]

Rob Thomas nutzte für die Kampagne die Crowdfunding-Plattform Kickstarter. Kickstarter gilt als Pionier-Plattform, die Projektfinanzierung mittels Reward-based-Crowdfunding ermöglicht. Initiatorinnen und Initiatoren können mithilfe des Portals Projekte aus 13 verschiedenen Kategorien der Öffentlichkeit präsentieren: Musik, Film, Publishing, Kunst, Spiele, Design, Theater, Essen/Trinken, Technologie, Comics, Mode, Fotografie, Tanz, Kunsthandwerk und Journalismus. Das Finanzierungsziel und die Gegenleistungen für die Crowd können frei gewählt werden, die Dauer der Kampagne beträgt maximal 60 Tage. Das Geschäftsmodell der Plattform basiert auf der Verrechnung einer Vermittlungsprovision von 5 Prozent, während die Projektinitiatorin oder der -initiator sämtliche Rechte an seiner Idee und künstlerische Freiheiten behält.[333]

Die Unterstützung der Veronica-Mars-Fans war finanzieller Natur und kann dem Reward-based-Crowdfunding zugeordnet werden. Der Crowd standen insgesamt 32 unterschiedliche Unterstützungsvarianten zur Auswahl, deren Gegenleistung von der Höhe des Betrages (1 bis 10.000 Dollar) abhängig war. Für 25 Dollar gab es ein Limited Edition T-Shirt, für 35 Dollar die digitale Version des Films, für 600 Dollar eine persönliche Videobotschaft der Hauptdarstellerin, für 1.000 Dollar zwei Tickets für die Filmpremiere, für 8.000 Dollar trug ein Charakter im Film den Namen der Unterstützerin oder des Unterstützers, für 10.000 Dollar bekam die Unterstützerin oder der Unterstützer eine Sprechrolle im Film u. v. m.[334] Bei fast allen Varianten war die digitale Version des Filmes inkludiert. An dieser Stelle machte Warner Bros. die positive Erfahrung mit dem Erfolg der Kickstarter-Kampagne für viele Veronica-Mars-Fans zunichte, da sich das Studio weigerte, den Film DRM-frei zur Verfügung zu stellen. Anstelle eines Download-Links oder Codes, um den Film via iTunes oder Amazon zu erhalten, forderte man die Crowd auf, den Film über ein Warner Bros. Service zu streamen. Da die Qualität und Geschwindigkeit des Streaming-Dienstes nicht den Vorstellungen aller Unterstützerinnen und Unterstützer entsprach, musste Warner Bros.

332 McMillan (2013): o. S.

333 Vgl. Sixt (2014): S. 114ff.

334 Vgl. Thomas (2013): o. S.

schlussendlich zahlreichen verärgerten Fans den finanziellen Beitrag refundieren.[335]

Im Folgenden wird nicht das Geschäftsmodell von Kickstarter analysiert, sondern die Crowdfunding-Kampagne »Veronica Mars – The Movie Projekt« in den Fokus gestellt, um das Fallbeispiel mit den vorhergehenden vergleichen und mögliche Parallelen zur Crowdfunding-Nutzung von Verlagen aufzeigen zu können.

Zur Zielgruppe der Crowdfunding-Kampagne zählen die Fans der Veronica-Mars-Fernsehserie. Es handelt sich hierbei um eine klar umrissene Community, die seit dem Absetzen der Serie 2007 und damit bereits 6 Jahre vor der Kickstarter-Kampagne die Filmadaption forderte. Die Kampagne sprach einen eindeutig definierten Nischenmarkt an: ein spezifisches, spezialisiertes Kundensegment, das sich im Sendezeitraum der Serie 2004 bis 2007 formiert hat. Die zweite Zielgruppe der von Rob Thomas initiierten und umgesetzten Kampagne ist das Filmstudio selbst. Warner Bros. konnte durch Kickstarter einen Teil der notwendigen Finanzierung für den Film lukrieren, viel wichtiger war im Fall von Veronica Mars aber die Marktforschungskomponente. Das Filmstudio zweifelte im Vorfeld am potentiellen Erfolg des Films und wurde erst durch die Reaktion der Fans auf die Crowdfunding-Kampagne vom Gegenteil überzeugt.[336] Die Kundenbeziehung ist durch »Communities« gekennzeichnet. Die Kickstarter-Kampagne ermöglichte die direkte Interaktion von Fans und Machern des Films und förderte aktiv das Feedback der Unterstützerinnen und Unterstützer. Über 22.000 Kommentare zu Handlung und Protagonistinnen und Protagonisten des Films bzw. den Gegenleistungen der Kickstarter-Kampagne waren die Folge.[337]

Für die Zielgruppe der Veronica-Mars-Fans liegt das Wertangebot der Kampagne im Film an sich, vor allem aber in der Tatsache, den Film mit Hilfe des eigenen Engagements möglich gemacht zu haben. Die Fans sind Teil einer kleinen Community, die mit der Bezeichnung »Marshmallows« sogar einen eigenen Namen hat.[338] Die Gegenleistungen der Kampagne, die Rob Thomas ausgewählt hat, unterstützen den Community-Gedanken der Fans: Sticker mit nur Fans der Serie ver-

335 Vgl. Child (2014): o. S.

336 Vgl. Godelnik (2013): o. S.

337 Vgl. Kickstarter (2015b): o. S.

338 Vgl. John (2014): o. S.

ständlichen Sprüchen, Limited-Edition-T-Shirts und der Möglichkeit, den Film aktiv zu beeinflussen. Für höhere Summen wurde eine Figur im Film nach einer Unterstützerin oder einem Unterstützer benannt und eine Sprech- bzw. mehrere Statistenrollen wurden an Fans vergeben.[339] Ziel der Kickstarter-Kampagne ist der Unterhaltungswert der Fans mit Hilfe des »ungewöhnlichen Genre-Mix aus Highschool-Drama, Neo-Noir-Thriller und bissiger Comedy«, wie die Serie von Kritikern im Magazin »Der Spiegel« beschrieben wird.[340]

Das Wertangebot der Kampagne für Warner Bros. war neben der teilweisen Finanzierung des Films durch die Crowd in erster Linie die Marktforschung. Durch Kickstarter konnte Rob Thomas dem Filmstudio die vorhandene Nachfrage und Zahlungsbereitschaft der Fans demonstrieren. Die Kampagne wurde als Marketing-Instrument eingesetzt, um die Veronica-Mars-Fans emotional und finanziell an den wirtschaftlichen Erfolg des Films zu binden, indem sie aktiv in den Entstehungsprozess involviert wurden. Die Kickstarter-Kampagne bedeutete für Warner Bros. kein Risiko und keine Investition, da das Filmstudio offiziell nicht in die Kampagne involviert war.[341]

Die personellen und zeitlichen Ressourcen zählen zu den wichtigsten Wirtschaftsgütern, die für den Erfolg der Kickstarter-Kampagne verantwortlich sind. Die Planung und Durchführung des Crowdfunding-Prozesses, die mehr als 100 Projektupdates und die Bearbeitung der mehr als 22.000 User-Kommentare bedeuten einen hohen Koordinationsaufwand. Zu den Aktivitäten zur Leistungserstellung zählt außerdem die Umsetzung der teils sehr aufwendigen Gegenleistungen an die Crowd: Organisation privater Filmvorführungen, Aufnahme von fast 200 individualisierten Sprachnachrichten bzw. 150 individuellen Videobotschaften an Fans etc.

Externe Partnerinnen und Partner sind im Fall der Veronica-Mars-Kickstarter-Kampagne keine bekannt.

Durch die Crowdfunding-Aktion konnte bei einem Finanzierungsziel von 2 Millionen insgesamt 5,7 Millionen Dollar gesammelt werden, die für Warner Bros. als Ergänzung traditioneller Einnahmequellen gelten. Der Film wurde 2013 mit einem Gesamtbudget von 6 Millionen

339 Vgl. Thomas (2013): o. S.

340 Pilarczyk (2014): o. S.

341 Vgl. Godelnik (2013): o. S.

Dollar produziert. 5 Prozent der mittels Crowdfunding erreichten Summe erhebt Kickstarter als Vermittlungsprovision.

Entsprechend der Klassifikation von Ordanini et al.[342] wird durch die Crowdfunding-Kampagne ein neuer Intermediär geschaffen. Mit Hilfe von Kickstarter konnte die direkte Interaktion zwischen Fans sowie Macherinnen und Machern der Serie ermöglicht werden ohne das Filmstudio dabei zu substituieren.

342 Vgl. Ordanini et al. (2011): S. 477.

6. Crowdfunded Publishing

Die analysierten Unternehmen Unbound, Inkshares, Neobooks und Pentian publizieren Werke aus den Bereichen Belletristik und Sachbuch und können damit der Kategorie der Publikumsverlage zugeordnet werden. Fachverlage, die Crowdfunding als Teil ihres Geschäftsmodells einsetzen, wurden im Rahmen der vorliegenden Arbeit nicht identifiziert. Durch die folgende Analyse der Fallbeispiele mit Hilfe der in Kapitel 4.4 ausgewählten Elemente des Geschäftsmodell-Ansatzes für Crowdfunding und unter Berücksichtigung der in Kapitel 3.2 dargestellten unterschiedlichen Charakteristika von Fach- im Vergleich zu Publikumsverlagen kann das Geschäftsmodell »Crowdfunded Publishing« spezifiziert und Handlungsempfehlungen für die Integration von Crowdfunding in Fachverlagen abgeleitet werden.

6.1 Geschäftsmodell »Crowdfunded Publishing«

Der Geschäftsmodell-Ansatz bezieht sich auf die Branche und das strategische Umfeld der Fachverlage und identifiziert unternehmensexterne und -interne Elemente bei der Integration von Crowdfunding. Bei näherer Betrachtung wird deutlich, dass Crowdfunding gravierende Auswirkungen auf das Geschäftsmodell eines traditionellen Verlages hat, da jedes der Elemente Veränderungen ausgesetzt ist. Die Leistungserstellung wird zum Teil an die Crowd ausgelagert, neue Einnahmequellen erschlossen und die Kundenbeziehung wird intensiviert. Gleichermaßen ändert sich das Wertangebot und neue Wettbewerber müssen beachtet werden. Dies erfordert andere Ressourcen, deren Kosten nicht außer Acht gelassen werden dürfen und die Zusammenarbeit mit externen Partnern notwendig macht.

Im Folgenden werden die einzelnen Elemente inkl. der Erkenntnisse aus Theorie und Fallbeispielen dargestellt. Abgeschlossen wird das Kapitel durch die graphische Darstellung des Geschäftsmodells.

6.1.1 Markt & Wettbewerb

Durch Crowdfunding wird eine neue Finanzierungsform genutzt, die nicht nur eine für Verlage ungewohnte Öffnung nach außen, sondern auch den Eintritt in einen neuen Markt bedeutet. Die Entwicklung und das Management einer Online-Plattform, die die Interaktion zwischen Leserin und Leser sowie Autorin und Autor ermöglicht, erfordern neue technische und betriebswirtschaftliche Kompetenzen. Der Crowdfunding-Markt unterscheidet sich hinsichtlich Wettbewerb und Produktangebot wesentlich von jenen Print- oder Online-Märkten, die Verlage bisher bedient haben.[343] Fachverlage haben gegenüber Publikumsverlagen den Vorteil, dass den Zielgruppen der Umgang mit digitalen Verlagsangeboten vertraut ist, da elektronische Medien mittlerweile 18,6 Prozent des Gesamtumsatzes der Fachverlage im Vergleich zu nur 4,1 Prozent der Publikumsverlage ausmachen.[344] Die Fallbeispiele bzw. die in Kapitel 3.3 dargestellten Herausforderungen im Verlagswesen beschreiben die stärkere Konkurrenz, mit denen Verlage im Crowdfunding-Markt rechnen müssen: Start-ups aus der IT-Branche, Selfpublishing- oder Crowdfunding-Plattformen – sei es auf Bücher spezialisierte oder allgemeiner Natur –, Verlage, die ebenfalls die Crowd als Teil der Wertschöpfungskette nutzen wollen und Unternehmen, die verstärkt Content Marketing einsetzen, zählen zu den relevanten Wettbewerbern. Um Markteintrittsbarrieren zu überwinden und wirtschaftlich überlebensfähig zu bleiben, ist die permanente Beobachtung technischer Trends, die Analyse aktueller Marktentwicklungen in Bezug auf Konkurrenzunternehmen und das Mediennutzungsverhalten der Zielgruppe bei der Umsetzung des Geschäftsmodells erfolgskritisch.

Berücksichtigt werden müssen außerdem die rechtlichen Rahmenbedingungen in Bezug auf Crowdfunding. In Österreich ist seit September 2015 das Alternativfinanzierungsgesetz in Kraft, das für Equity-based-Crowdfunding ab einem bestimmten Gegenwert die Einhaltung von Informations- bzw. Prospektpflichten erfordert.[345]

---

343 Vgl. Modjesch (2013): S. 80.

344 Vgl. Börsenverein des Deutschen Buchhandels (2015): S. 118.

345 Vgl. Bundeskanzleramt Österreich (2015): o. S.

6.1.2 Verlagsstrategie

In Bezug auf die grundsätzliche Strategie, die Verlage bei der Integration von Crowdfunding in ihr Geschäftsmodell verfolgen können, zeigen die Fallbeispiele zwei Auswahlmöglichkeiten. Die erste Option beinhaltet die Konzeption einer unternehmenseigenen Online-Plattform, mit der die direkte Interaktion zwischen Autorin und Autor sowie Leserin und Leser ermöglicht wird. Die Plattform tritt als Substitut des traditionellen Intermediärs Verlag auf. Sowohl die beiden Verlags-Start-ups Unbound und Inkshares, die Reward-based-Crowdfunding-Elemente mit klassischen Verlagsservices kombinieren, als auch die Selfpublishing-Plattform Neobooks können dieser Variante zugeordnet werden. Letztere dient der Verlagsgruppe Droemer Knaur, zu der Neobooks gehört, als eigene Substitution, um unternehmensexterner Konkurrenz zuvorzukommen. Bei der zweiten Auswahlmöglichkeit schaffen Verlage keine eigene Crowdfunding-Plattform, sondern nutzen externe Portale wie beispielsweise Kickstarter oder Startnext. Das Fallbeispiel Warner Bros. zeigt, dass sich diese Variante vor allem für die Realisierung einzelner Projekte mit klar definierter Zielgruppe eignet, um einerseits die notwendige Finanzierung sicherstellen und andererseits Marktforschung betreiben zu können. Durch die Crowdfunding-Kampagne wird ein neuer Intermediär geschaffen: Im Falle von Warner Bros. konnte mit Hilfe von Kickstarter die direkte Interaktion zwischen Fans sowie Macherinnen und Machern der Serie ermöglicht werden ohne das Filmstudio dabei zu substituieren. Werden unternehmensexterne Plattformen genutzt, übernimmt der Verlag oder die Autorin und der Autor die Rolle der Projektinitiatorin oder des Projektinitiators. Letzteres empfiehlt sich, wenn man wie im Falle von Warner Bros. davon ausgeht, dass die Legitimation von Crowdfunding für ein Unternehmen schwieriger zu kommunizieren ist als für eine Regisseurin oder einen Regisseur oder einer Autorin oder einem Autor als kreative Einzelperson.[346] Bei Warner Bros. wird Rob Thomas als Verbündeter der Community wahrgenommen, der als Sprecher der Zielgruppe für deren Interessen – der Realisierung des Films – eintritt. Auch bei den weiteren analysierten Fallbeispielen ist die Autorin oder der Autor mit mehr oder weniger intensiver Unterstützung durch den Verlag für die Umsetzung der Crowdfun-

346 Vgl. Letz (2014b): o. S.

ding-Kampagne verantwortlich. Dies beinhaltet auch die Vermarktung des Buches in den Sozialen Medien bzw. die Aktivierung des Netzwerkes der Autorin oder des Autors zur Unterstützung des Projektes. Die Vorselektion der Werke durch den Crowdfunding-Verlag, wie im Fallbeispiel Inkshares, wirkt zumindest teilweise der Gefahr entgegen, der Geldgeberin und Geldgeber auf allgemeinen Crowdfunding-Plattformen wie Kickstarter oder Startnext ausgesetzt sind: Betrug oder Inkompetenz der Projektinitiatorinnen und -initiatoren. Die Schaffung einer eigenen Plattform und die Vorselektion der auf dieser Plattform präsentierten Werke gibt den Leserinnen und Lesern etwa im Fall von Pentian das Gefühl, auf eine ausführliche Due Diligence verzichten zu können, da diese bereits durch den Verlag erfolgt ist.

6.1.3 Organisation

Entsprechend der in Kapitel 2.6 dargestellten Theorie sind Unternehmen wie Verlage bei der Nutzung von Crowdfunding mit zwei Herausforderungen konfrontiert, die die Unternehmensorganisation betreffen. Einerseits gilt es, die Finanzierungsalternative bzw. den dahinterliegenden Prozess in die bestehenden Organisationsabläufe zu integrieren. Dies ist vor allem dann relevant, wenn der Verlag Crowdfunding als Ergänzung zu traditionellen Einnahmequellen wie dem regulären Verkauf der Publikationen nutzen möchte. Der geänderten Wertschöpfungskette inkl. der neuen technologischen Anforderungen muss durch die Schaffung geeigneter organisatorischer Rahmenbedingungen und der Bereitstellung ausreichender finanzieller und personeller Ressourcen Rechnung getragen werden.[347] Die Kooperation mit externen Dienstleistern wie im Fall von Inkshares mit Print-on-Demand-Plattformen, zusätzliches Personal für die Manuskriptauswahl und das Schnittstellenmanagement zum klassischen Programm im Fall von Neobooks oder die Nutzung bereits vorhandener technischer Kompetenzen der Mitarbeiterinnen und Mitarbeiter für die Programmierung der Online-Plattform wie im Fall von Pentian sind die Folgen.

Andererseits muss Crowdfunding in die bestehende Unternehmenskultur des Verlages integriert werden. Dies wird umso herausfordernder je größer die Crowdsourcing-Komponente ist, d. h. je intensiver die Le-

347 Vgl. Leimeister (2012): S. 391.

serinnen und Leser die inhaltliche Gestaltung der Publikationen mitbestimmen dürfen. In Verlagen muss sich das Bewusstsein manifestieren, dass bei Integration einer Gruppe externer Personen in verlagsinterne Prozesse diese auch an Entscheidungen teilhaben will, die in der traditionellen Wertschöpfungskette eines Verlages der Öffentlichkeit vorenthalten war. Eine bislang verlagsuntypische Transparenz und Öffnung nach außen muss in der Unternehmenskultur verankert werden.[348]

Mitarbeiterinnen und Mitarbeiter von Fachverlagen sind mit der Entwicklung und dem Vertrieb digitaler Medienprodukte und Online-Datenbanken, die bis zu einem gewissen Grad auch die Interaktion mit den Zielgruppen erlauben, zwar seit längerem konfrontiert, es ist aber davon auszugehen, dass die Integration von Crowdfunding in die organisatorischen Abläufe bzw. die Unternehmenskultur ähnlich intensiv vorbereitet werden muss wie dies bei Publikumsverlagen der Fall ist. Die durch Crowdfunding bedingte Einbeziehung der Leserinnen und Leser in zuvor verlagsinterne Prozesse ist auch für Fachverlage neu.

6.1.4 Modell

Die Fallbeispiele zeigen, dass im internationalen Verlagswesen aktuell die Modelle Reward- und Equity-based-Crowdfunding eingesetzt werden. Die Beteiligung der Crowd bei Unbound ist finanzieller Natur und kann dem Reward-based-Crowdfunding zugeordnet werden. Als Gegenleistung erhalten die Unterstützer das Werk an sich in Form eines gedruckten Buches oder E-Books, sowie ideelle »Dankeschöns« etwa durch den Abdruck des Namens der Geldgeberin und des Geldgebers im Buch. Nach demselben Prinzip funktionierte die Crowdfunding-Kampagne, die Warner Bros. via Kickstarter durchgeführt hat. Die Fans erhielten für ihre finanzielle Unterstützung sowohl materielle als auch ideelle Gegenleistungen: die digitale Version des Films über einen Streaming-Dienst, eine individuelle Videobotschaft durch eine Schauspielerin oder einen Schauspieler des Films etc. Auch bei dem Crowdfunding-Verlag Inkshares wird Reward-based-Crowdfunding angewandt, allerdings reduziert auf die Variante des Pre-Ordering. Durch die Vorbestellung der Werke wird die Vorfinanzierung der Produktionskosten durch die Leserinnen und Leser ermöglicht. Die spa-

348 Vgl. Letz (2014f): o. S.

nische Kombination aus Crowdfunding- und Selfpublishing-Plattform Pentian wendet als einzige der präsentierten Fallbeispiele Equity-based-Crowdfunding an: Nicht nur die Autorinnen und Autoren werden finanziell entlohnt, auch die Leserinnen und Leser bzw. Investorinnen und Investoren werden am etwaigen Gewinn der Publikationen beteiligt. Die Nutzung von Reward- und Equity-based-Crowdfunding in den Fallbeispielen entspricht der in Tabelle 2 im Theorieteil dargestellten Zuordnung der Crowdfunding-Instrumente abhängig von der organisatorischen Einbettung (eingebettet/Start-up) bzw. des gesellschaftlichen Zweckes (kommerziell).

Neobooks involviert als einziges der analysierten Fallbeispiele die Crowd mittels Crowdvoting. Die Beteiligung der Crowd dient der Beurteilung der Qualität und Erfolgseinschätzung der Publikationen. Die Leserin und der Leser bewerten die Manuskripte und liefern den verlagsinternen Lektorinnen und Lektoren dadurch einen Markttest sowie einen Einblick in die Vorlieben und Interessen der Leserschaft. Neobooks bzw. die dahinterstehende Holtzbrinck-Verlagsgruppe fungiert in der vorliegenden Arbeit ebenso wie Warner Bros. als Beispiele für etablierte Konzerne, die die Crowd in den Wertschöpfungsprozess integrieren. Damit wird dem aktuellen Crowdfunding-Trend Rechnung getragen, der den Einsatz von Crowdfunding nicht mehr einzelnen Künstlerinnen und Künstlern oder technologischen Start-ups vorbehält, sondern auch bestehenden Traditionsunternehmen öffnet. Inkshares, Unbound und die Crowdfunding-Kampagne von Warner Bros. nutzen Crowdfunding und fördern zeitgleich den inhaltlichen Austausch zwischen Autorin und Autor sowie Leserin und Leser. Die Unbound- und Inkshares-Leserinnen und -Leser werden aufgefordert, die Autorin oder den Autor durch Kommentare und Feedback auf der Online-Plattform bei der Gestaltung der Publikation zu unterstützen und sie und ihr oder ihn und sein Werk in den privaten sozialen Netzwerken der Crowd weiterzuempfehlen. Die Kickstarter-Kampagne von Warner Bros. geht noch einen Schritt weiter Richtung Crowdcreation: Die Fans werden nicht nur durch Kommentare und Feedback in die Entstehung des Films involviert, sondern durch die Gegenleistungen der Kampagne – Statisten- und Sprechrollen im Film – direkt in das finanzierte Endprodukt integriert. Im Gegensatz dazu fördert Pentian die inhaltliche Mitbeteiligung der Unterstützerinnen und Unterstützer nicht. Das Pentian-Portal bietet Autorinnen und Autoren zwar die Möglichkeit, regelmäßige Projektupdates online zu stellen, erlaubt aber keine Kommentare, Feedback oder Bewertungsmöglichkeiten durch die Leserinnen und Leser.

Im Theorieteil der Arbeit wurden zwei Tendenzen in Bezug auf Crowdfunding-Plattformen festgestellt: die Spezialisierung auf Themen und die Regionalisierung. Während die Fallbeispiele Unbound, Neobooks, Inkshares und Pentian durch ihre Kombination von Crowdfunding mit klassischen Verlagsservices dem Trend der Themenspezialisierung folgen, bietet keines der Fallbeispiele den Autorinnen und Autoren bzw. Leserinnen und Lesern eine regionale Plattform mit örtlichem Fokus.

Das Modell des Reward-based-Crowdfunding bzw. das Pre-Ordering ist für die Leserinnen und Leser von Fachbüchern durch die Subskriptionspreise bekannt. Bei Subskriptionspreisen handelt es sich um ermäßigte Preise, die bis zum vollständigen Erscheinen eines Werks bzw. bis maximal drei Monate nach Erscheinen festgesetzt werden dürfen.[349] Subskriptionspreise helfen dabei, die Produktionskosten einer Publikation bereits vor der Markteinführung zu decken, da frühzeitige Kaufentscheidungen herbeigeführt werden.[350] Das grundsätzliche Crowdfunding-Prinzip ist Fachverlagen, betrachtet man ausschließlich den Aspekt der Finanzierung, daher nicht neu.

6.1.5 Zielgruppen

Das Element der Zielgruppen orientiert sich am Ansatz von Osterwalder/Pigneur[351], die die Zielgruppen als wesentlichsten Baustein des Geschäftsmodells sehen. Anders als im Business Model Canvas werden die Zielgruppen in untenstehender Grafik nicht im Zentrum, sondern auf den beiden äußeren Seiten des Geschäftsmodells angesiedelt, durch Pfeile verbunden. Dadurch soll dargestellt werden, dass die Leserinnen und Leser, Investorinnen und Investoren, Autorinnen und Autoren und – im Fall eines Fachverlages – Inserentinnen und Inserenten zwar externe Zielgruppen sind, durch »Crowdfunded Publishing« aber Einfluss auf interne Wertschöpfungsaktivitäten haben und voneinander abhängig sind.

349 Vgl. Börsenverein des Deutschen Buchhandels (o. J.c): o. S.
350 Vgl. Möhrle (1995): S. 87.
351 Vgl. Osterwalder/Pigneur (2011): S. 24f.

Anhand der Bedürfnisse der Kundinnen und Kunden muss das Wertangebot sowie die genutzten Kanäle, Netzwerke, Partnerinnen und Partnern etc. ausgerichtet sein. Möchte ein Verlag Crowdfunding in sein Geschäftsmodell integrieren, ist eine klare Zielgruppen-Definition erforderlich. Analysiert werden muss, ob der Verlag bereits über die entsprechende Zielgruppe verfügt oder gänzlich neues Terrain betritt. Die Fallbeispiele zeigen, dass es sich bei den Zielgruppen des Crowdfunding-Verlages wie bei einem traditionellen Buchverlag des Publikumsbereichs um derer zwei handelt: den Leserinnen und Lesern auf der einen Seite, die die Werke der Autorinnen und Autoren auf der anderen Seite finanzieren. Sowohl auf Seiten der Leserinnen und Leser als auch der Autorinnen und Autoren ist eine gewisse Experimentierfreude, Affinität für Technik und Internet bzw. Interesse an Sozialen Medien charakteristisch. Die Zielgruppen eines Crowdfunding-Verlages stammen aus dem Sinus-Milieu der Performer. Jenem Milieu, das für Verlage für die Vermarktung digitaler Produkte wie E-Books oder Datenbanken aufgrund neuer Technologien, geänderten Mediennutzungsverhalten und gewandelten Kundenbedürfnissen zusätzlich zu dem Milieu der Postmateriellen relevant ist. Unbound beispielsweise wird den Interessen der »Early Adopter« gerecht, indem es nicht nur eine Publikation zum Thema Bitcoin für ihre Plattform vorselektiert, sondern zeitgleich auch die finanzielle Unterstützung mit der digitalen Währung gestattet. Die Fallbeispiele zeigen, dass für erfolgreiche Crowdfunding-Projekte in der Buchbranche nicht die ausschließliche Konzentration auf Themengebiete rund um Internet und Digitalisierung erforderlich ist. Wichtiger ist die Ansprache einer klar umrissenen Zielgruppe oder der Fokus auf einen Nischenmarkt. Inkshares beispielweise konzentriert sich auf die Genres Fantasy und Science-Fiction, Pentian ist in der spanischsprachigen Belletristik aktiv und Warner Bros. stellt mit dem Filmprojekt Veronica Mars ausschließlich eine spezifische Fernsehserie und deren Fans in den Mittelpunkt. Osterwalder/Pigneur nennen im Business Model Canvas fünf Arten von Kundensegmenten, von denen zwei für das Geschäftsmodell »Crowdfunded Publishing« relevant sind: Nischenmarkt und Multi-sided Platform. Die Konzentration auf Nischenthemen wird durch den internetbasierten offenen Aufruf des Crowdfundings erleichtert, da die erzielte höhere Reichweite die Ansprache potentieller Zielgruppen überhaupt erst ermöglicht. Der Verlag selbst kann, wie die Fallbeispiele Unbound, Inkshares, Neobooks und

Pentian zeigen, als Multi-sided Platform auftreten und als Intermediär die voneinander abhängigen Zielgruppen Autorinnen und Autoren sowie Leserinnen und Leser bzw. Investorinnen und Investoren zusammenbringen. Anders als die Wertschöpfungskette eines traditionellen Verlags befriedigt »Crowdfunded Publishing« den Wunsch der Konsumentinnen und Konsumenten nach Mitbestimmung. Die Fallbeispiele zeigen, dass »Crowdfunded Publishing« die Interaktion zwischen Projektinitiatorinnen und -initiatoren sowie Unterstützerinnen und Unterstützer ermöglicht und letztere in die Entwicklung und Gestaltung der Werke einbezieht. Nur Pentian konzentriert sich ausschließlich auf den Finanzierungsaspekt des Equity-based-Crowdfunding ohne zusätzliche Crowdsourcing-Elemente in sein Geschäftsmodell zu integrieren. Ordanini et al.[352] bezeichnen Crowdfunding als nächste Stufe in der Evolution der Konsumentinnen und Konsumenten, die Analyse der Fallbeispiele Unbound, Inkshares, Neobooks und der Kickstarter-Kampagne von Warner Bros. bestätigt dies: »The idea that some people may decide to pay for producing and promoting a product (instead of buying it), and bear the risk associated with that decision, represents a further step in the evolution of consumers‹ roles, that involves a mix of entrepreneurship and social network participation.«[353]

Voraussetzung für ein erfolgreiches Gelingen des Crowdfunding-Projektes ist das Netzwerk und die Bekanntheit der Autorinnen und Autoren bereits vor dem Start der Kampagne. Unterstützerinnen und Unterstützer einer Crowdfunding-Kampagne verspüren den Wunsch, Teil der Community der Projektinitiatorin oder des Projektinitiators zu sein, was Ordanini et al. als »desire for social participation«[354] bezeichnen. Der Autorin und dem Autor muss es gelingen – entweder in Zusammenarbeit mit dem Verlag oder ohne dessen Unterstützung – seine bereits bestehende Fanbase für die Finanzierung der Publikation zu aktivieren und mit Hilfe des Multiplikatoreffekts durch die Crowd zu vergrößern. Ein großes Netzwerk fungiert potentiellen Investorinnen und Investoren als positives Signal hinsichtlich der Qualität des Projektes und kann für die Projektinitiatorinnen und -initiatoren vorteilhaftes Herdenverhalten auslösen. Unbound, Inkshares und Pentian versuchen

352 Vgl. Ordanini et al. (2011): S. 443.
353 Ordanini et al. (2011): S. 443.
354 Vgl. Ordanini et al. (2011): S. 456.

aktiv, populäre Persönlichkeiten und Autorinnen und Autoren für die Plattform zu gewinnen, die sich bereits vor dem Start der Crowdfunding-Kampagne durch andere mit Hilfe traditioneller Verlage herausgegebener Werke eine Fanbase aufgebaut haben. Terry Jones finanzierte seinen Erzählband »Evil Machines« via Unbound, Inkshares wird von bekannten Autorinnen und Autoren der Fantasy- und Science-Fiction-Community genutzt, Pentian lukrierte die erforderliche Finanzierung für den in Spanien beliebten Sportreporter Gaspar Rosety. Die Warner Bros.-Kampagne auf Kickstarter profitierte von einer klar definierten Zielgruppe bzw. eines Nischenmarktes: Die »Marshmallows« stellen ein spezifisches Kundensegment dar, das sich im Sendezeitraum 2004 bis 2007 formiert und seit dem Absetzen der Serie für die Umsetzung des Films stark gemacht hat. Das Filmstudio musste in Form des Regisseurs Rob Thomas nur die vorhandene Dynamik, das starke Zusammengehörigkeitsgefühl der Community und deren emotionale Beziehung zu der Figur Veronica Mars aufgreifen und den Fans mit Hilfe der Crowdfunding-Kampagne die Chance geben, die Realisierung des Films durch ihr individuelles finanzielles Engagement zu ermöglichen. Da Warner Bros. offiziell nicht als Initiator der Crowdfunding-Kampagne auftrat, wird das Filmstudio als Zielgruppe der Kampagne wahrgenommen. In dieser Funktion profitierte Warner Bros. neben der Finanzierung vor allem durch den Marktforschungsaspekt und dem generierten Marketing der Kampagne.

Für Fachverlage kommt neben den Autorinnen und Autoren sowie Leserinnen und Lesern bedingt durch den Fokus auf Fachzeitschriften noch eine dritte Zielgruppe dazu: die Inserentinnen und Inserenten. Im traditionellen Geschäftsmodell eines Fachverlages kaufen Inserenten Werberaum in Form von Anzeigen, Beilagen und Online-Werbung und nutzen die Leserkontakte der Zeitschrift zu ihrem Vorteil. Im Fall des »Crowdfunded Publishing« profitieren die Werbekundinnen und -kunden von der größeren Reichweite der Publikationen durch die virtuellen Weiterempfehlungen der Crowd und der besseren Zielgruppenkenntnis des Verlages.

6.1.6 Kundenbeziehungen

»Crowdfunded Publishing« hat wesentliche Auswirkungen auf die Beziehungen des Verlages zu seinen Leserinnen und Lesern sowie Autorinnen und Autoren bzw. auf die Beziehung der beiden Zielgruppen zueinander. Von den von Osterwalder/Pigneur identifizierten sechs Kategorien von Kundenbeziehungen sind für das Geschäftsmodell »Crowdfunded Publishing« zwei relevant: »Communities« und »Mitbeteiligung«. »Communities« fördern mit Hilfe einer Online-Plattform den direkten Austausch zwischen Unternehmen sowie Kundinnen und Kunden bzw. den Mitgliedern der Community untereinander und ermöglichen so ein tieferes Verständnis der eigenen Zielgruppe. Unter »Mitbeteiligung« wird die Integration der Kundin und des Kunden in die Wertschöpfung zur Erstellung kundengerechter Produkte und Dienstleistungen sowie deren Bewertung verstanden.[355] In der Wertschöpfungskette des traditionellen Verlages stehen die Leserin und der Leser am Ende, als Rezipientin und Rezipient des im Verlag bzw. durch die Autorin oder den Autor geschaffenen Contents. Durch Crowdsourcing werden die Leserin und der Leser Teil des Herstellungsprozesses und der Verlag damit seinem Wunsch nach inhaltlicher und kreativer Mitbestimmung gerecht. Die Fallbeispiele Unbound, Inkshares und Warner Bros. zeigen, dass in Bezug auf die Kundenbeziehung die Kategorie »Communities« relevant ist. Den Leserinnen und Lesern sowie den Autorinnen und Autoren wird eine Online-Plattform zur Verfügung gestellt, die die Interaktion und das Eliminieren von Informationsassymetrien ermöglicht. Leserinnen und Leser haben die Wahl, die Projektupdates der Autorinnen und Autoren entweder ausschließlich passiv zu konsumieren oder aktiv darauf zu reagieren und die Projektinitiatorin und den Projektinitiator durch ihre Ideen, Fragen oder Kommentare zu beeinflussen. Die Kundenbeziehung von Neobooks zeichnet sich zusätzlich zu »Communities« durch »Mitbeteiligung« aus: Durch die Funktion des Crowdvoting geht die Plattform über das traditionelle Kunden-Verkäufer-Verhältnis hinaus und integriert die Leserinnen und Leser in die Wertschöpfungskette des Verlages. Die Kundenbeziehung von Pentian hingegen unterscheidet sich kaum von der eines traditionellen Verlages. Die Kundinnen und Kunden werden zwar zur Vorfinanzierung der Publikationen genutzt, Interaktion zwischen Leserinnen und Lesern sowie Autorinnen und Autoren oder Leserinnen und Lesern und Verlag aber nicht ermöglicht.

Da Fachverlage einerseits über eine homogene Leserschicht und andererseits bedingt durch den Direktvertrieb und die meist langjährigen

355 Vgl. Osterwalder/Pigneur (2011): S. 33.

Beziehungen aufgrund des Abonnementmodels über zahlreiche Informationen über ihre Zielgruppen verfügen, ist die Intensivierung der Kundenbeziehung für Fachverlage möglich. Die Einbindung der Kundinnen und Kunden in den Produktentwicklungsprozess ist für Fachverlage zwar neu, durch die ohnehin bestehende Nähe zur Zielgruppe aber ohne zusätzliche Marktforschungskosten möglich.[356] Crowdfunding ist durch das Subskriptionsmodell im Fachverlag bekannt, aber auch die Ausweitung auf andere Varianten des Crowdsourcing mit stärkerer »Interaktion« bzw. »Mitbeteiligung« der Leserinnen und Leser sowie der Autorinnen und Autoren ist durch die bestehende homogene Community einfacher möglich als für Publikumsverlage.

6.1.7 Wertangebot

Entsprechend der Geschäftsmodellklassifikation von Unternehmen im Internet nach deren Leistungsangebot laut Wirtz stellt »Crowdfunded Publishing« ein hybrides Geschäftsmodell dar.[357] Crowdfunding im Verlagswesen beinhaltet Aspekte des Geschäftsmodells Content (Verfügbarmachung von Inhalten), Commerce (Abwicklung der finanziellen Unterstützung der Projekte durch die Crowd) und Connection (Förderung der Interaktion zwischen Autorin und Autor sowie Leserin und Leser).

Das Wertangebot, das den Erfolg des Crowdfunding-Verlages ausmacht, hängt vom angesprochenen Kundensegment ab. Für die Autorin und den Autor bilden einerseits die klassischen Verlagsservices wie Lektorat, Herstellung, Distribution etc. und andererseits die Finanzierung der Publikation durch die Crowd Teile des Wertangebots. Anders als bei traditionellen Verlagen sind vor allem das höhere Honorar, die zumindest teilweise gegebene künstlerische Freiheit und die Geschwindigkeit, mit der die Publikation am Markt ist, für Autorinnen und Autoren attraktiv. Die Fallbeispiele zeigen, dass die Crowdfunding-Plattform außerdem zu Marktforschungszwecken verwendet und traditionellen Geldgeberinnen und Geldgebern der Bedarf bzw. das Interesse der Endkundinnen und -kunden demonstriert werden kann. So nutzt die Verlagsgruppe Droemer Knaur Neobooks zur Qualitätsbeurteilung und

356 Vgl. Ammon/Brem (2014): S. 341f.

357 Vgl. Wirtz (2013b): S. 383ff.

Erfolgseinschätzung der Publikationen, Kickstarter wird von Warner Bros. als Marketing- und Marktforschungstool instrumentalisiert. Die Evaluierung der Werke erfolgt bei Neobooks via Crowdvoting, bei Unbound, Inkshares und Pentian mittels Crowdfunding. Im letzteren Fall signalisiert die finanzielle Unterstützung bzw. die Vorbestellung der Werke das grundsätzliche Interesse der Crowd an der Publikation. Positiv für die Autorin oder den Autor wirkt sich außerdem der Multiplikatoreffekt durch die Crowd aus: Unterstützt eine Leserin oder ein Leser eine Autorin oder einen Autor oder eine Publikation, erhöht dies die emotionale Bindung zu dem Projekt und die Leserinnen und Leser sind bereit, die Crowdfunding-Kampagne auch im privaten sozialen Netzwerk weiterzuempfehlen. Vor allem bei Pentian spielt dieser Faktor eine wesentliche Rolle, da der positive Abschluss der Kampagne Einfluss auf die finanzielle Gewinnbeteiligung der Geldgeberin und des Geldgebers hat. Die Reichweite der Kampagne und damit die Chance, die potentielle Zielgruppe besser anzusprechen, werden durch den Multiplikatoreffekt erhöht. Inkshares bemüht sich durch die Kooperation mit externen Partnerinnen und Partnern und der Entwicklung von »Collections« um zusätzliche Steigerung des Wirkungsbereiches. Nischeninhalte – wie bei Inkshares Publikationen aus dem Fantasy und Science Fiction-Bereich, die von Lektorinnen und Lektoren eines traditionellen Verlages abgelehnt worden wären – erhalten durch Crowdfunding die Möglichkeit, publiziert zu werden. Für Projektinitiatorinnen und -initiatoren besteht der Anreiz von »Crowdfunded Publishing« außerdem darin, die Leserinnen und Leser nicht nur als Endkundinnen und Endkunden, sondern auch als Ideengeberinnen und -geber bzw. Teil der Wertschöpfungskette wahrzunehmen. Dies geschieht durch die Einbindung von Crowdsourcing-Elementen, die über den finanziellen Aspekt hinausgehen. So kann das direkte Feedback der Geldgeberin und des Geldgebers abhängig von dessen Qualität und Intensität zur Weiterentwicklung oder Optimierung des Werkes entsprechend den Leserwünschen beitragen. Unbound, Inkshares und die Kickstarter-Kampagne von Warner Bros. ermöglichen dies durch die Aufforderung an die Geldgeberin und den Geldgeber, die Kommentarfunktionen der Plattform zur Interaktion mit der Autorin oder dem Autor zu nutzen. Warner Bros. integriert die Unterstützerinnen und Unterstützer zusätzlich durch die Gegenleistungen der Crowdfunding-Kampagne direkt in das Endprodukt. Neobooks erlaubt die Evaluation der vorgestellten Bewertungen mit Hilfe eines 5-Stern-Bewertungssystems und bietet Autorinnen und Autoren außerdem die Chance auf einen traditionellen Verlagsvertrag mit Droemer Knaur bzw. Rowohlt. Durch Crowdfunding-Kampagnen erhalten Unternehmen ein besseres Verständnis für die Bedürfnisse ihrer Zielgruppen – im Fall von Warner Bros. sogar ohne bemerkenswerte Investition oder Risiko.

Das Wertangebot für die Leserinnen und Leser als zweites relevantes Kundensegment von »Crowdfunded Publishing« stimmt mit den in Kapitel 2.4.2 analysierten grundsätzlichen Motivatoren für Geldgeberin und Geldgeber von Crowdfunding-Plattformen überein. Die Fallbeispiele zeigen, dass für die Unterstützerinnen und Unterstützer die materiellen und ideellen bzw. im Fall von Pentian auch die finanziellen Gegenleistungen Teile des Wertangebots sind. Zusätzlich spielt vor allem der »Erfolg des eigenen Engagements« eine Rolle, da die Veröffentlichung des Buches ohne des finanziellen Beitrages der Crowd nicht möglich gewesen wäre. Dieses Phänomen, das sich positiv auf die Motivation der Unterstützerinnen und Unterstützer auswirkt, am Crowdfunding-Prozess teilzunehmen, wird von Ordanini et als »desire for patronage« bezeichnet.[358] Die Zielgruppe der Performer, die als »Early Adopter« gerne vor allen anderen neue Technologien etc. ausprobiert, erhält durch Crowdfunding die Möglichkeit, neue Trends nicht nur von Anfang zu begleiten, sondern auch selbst zu entdecken. Zusätzlich wird Crowdfunding dem Wunsch vieler Leserinnen und Leser gerecht, sich aktiv am Publikationsprozess zu beteiligen: Im Fall von Neobooks beeinflusst die Crowd mittels Crowdvoting, welches Werk die Chance auf einen traditionellen Verlagsvertrag erhält, im Fall von Warner Bros. werden die Fans direkt in den Film integriert. Sprech- oder Statistenrollen sind als Gegenleistungen im Verlagswesen zwar nicht möglich, eine Figur im Roman könnte aber beispielsweise, wie dies auch im Veronica-Mars-Film der Fall ist, den Namen einer Unterstützerin oder eines Unterstützers tragen etc. Als Wertangebot für die Leserinnen und Leser eines Crowdfunding-Verlags kann die direkte Interaktion mit den Autorinnen und Autoren genannt werden. Die Fallbeispiele Unbound und Inkshares zeigen, dass die Crowd als Teil des Netzwerkes der Autorin oder des Autors von regelmäßigen Projektupdates, zusätzlichen Hintergrundinformationen oder Leseproben von bereits fertiggestell-

358 Vgl. Ordanini et al. (2011): S. 456.

ten Kapiteln profitiert. Bedingung ist, dass die Unterstützerinnen und Unterstützer als Teil der Community eine privilegierte Sonderstellung mit direktem Kontakt zu den Schaffern der kreativen Werke zugesprochen bekommen. Das Fallbeispiel der Warner Bros. Kickstarter-Kampagne zeigt, wie der Community-Gedanke der Fans durch die speziellen Gegenleistungen unterstützt bzw. zum Vorteil des Unternehmens genutzt werden kann. Wesentliches Wertangebot ist außerdem der Unterhaltungswert, der den Unterstützerinnen und Unterstützern durch die Teilnahme am Crowdfunding-Prozess bzw. den Konsum des finanzierten Endproduktes entsteht.

Das Wertangebot von »Crowdfunded Publishing« für Autorinnen und Autoren sowie Leserinnen und Lesern ist mit nur kleinen Einschränkungen für Publikums- wie Fachverlage gleichermaßen anwendbar. Für Autorinnen und Autoren von Fachverlagen sind das höhere Honorar, die Marketing- und Marktforschungskomponenten der Plattformen und die Verfügbarmachung von Nischeninhalten von Interesse. Durch die homogene Zielgruppe bestehend aus Mitgliedern derselben Berufsgruppen sind neben Crowdfunding auch Crowdsourcing-Initiativen Richtung Crowdwisdom – gemeinschaftlicher Erstellung von Inhalten – möglich. Für die Leserinnen und Leser von Fachpublikationen ist vor allem der intensive fachliche Austausch mit der Autorin oder dem Autor bzw. ihrem oder seinem Netzwerk attraktiv. Die Interaktion mit der Expertin oder dem Experten auf der Crowdfunding-Plattform dient der eigenen beruflichen Karriere der Unterstützerin oder des Unterstützers.

6.1.8 Leistungserstellung

Die für das Geschäftsmodell notwendigen Wertschöpfungsaktivitäten werden für das Geschäftsmodell »Crowdfunded Publishing« entsprechend der Terminologie von Osterwalder/Pigneur bzw. Wirtz in unternehmensinterne und unternehmensexterne Aktivitäten zur Leistungserstellung gesplittet. Die Fallbeispiele zeigen, dass zu den verlagsinternen Aktivitäten jene gehören, die auch für traditionelle Verlage relevant sind: Buchprojektmanagement, Verlagsservices wie Herstellung, Lektorat, Distribution, Organisation des Drucks etc. Zusätzlich kommt bedingt durch die Multi-sided-Plattform des Crowdfunding-Prozesses die Entwicklung, das Management und die technische Wartung der Online-Plattform hinzu, sofern alle oder einzelne Aspekte davon nicht an externe Dienstleisterinnen und Dienstleister ausgelagert sind. Die Fallbeispiele zeigen, dass die Crowdfunding-Verlage aktuell in sehr unterschiedlicher Intensität externe Partnerinnen und Partner beauftragen: Während Inkshares Teile der Autorenservices wie Lektorat und Layout an externe Dienstleisterinnen und Dienstleister auslagert, führt Pentian sogar verlagsuntypische Aufgaben wie die technische Programmierung der Online-Plattform selbst durch. Zu den internen Aktivitäten zählt auch die Betreuung des Netzwerkes. Dazu gehören im Fall von Neobooks die Auswertung der Kundenbewertungen bzw. bei Inkshares die Implementierung und das Management des Bonussystems für Leserinnen und Leser sowie die Betreuung des Autorinnen/Autoren-Forums. Da Neobooks zur Verlagsgruppe Droemer Knaur gehört und dieser als Talentschmiede dient, muss als interne Aktivität außerdem das Schnittstellenmanagement zur Integration der Neobooks-Titel in das klassische Verlagsprogramm berücksichtigt werden. Bei Unbound, Inkshares, Neobooks und Pentian findet eine Vorselektion der Werke statt, bevor diese auf den Online-Plattformen der Crowd vorgestellt werden. Die Vorauswahl wird intern durch Lektorinnen und Lektoren durchgeführt, zählt daher zur internen Leistungserstellung.

Anhand der Fallbeispiele kann festgestellt werden, dass durch Crowdfunding Teile der Wertschöpfung an die Crowd ausgelagert werden, die im traditionellen Geschäftsmodell eines Verlags unternehmensintern stattfinden. Die Erstellung des Contents obliegt zwar weiterhin der Autorin oder dem Autor, sie/er erhält aber Unterstützung von Seiten der Crowd. Durch deren Kommentare und Feedback hat die Projektinitiatorin oder der -initiator die Möglichkeit, das Werk entsprechend den Wünschen der Zielgruppen zu gestalten. Durch Crowdfunding wird außerdem das Marketing von einer verlagsinternen in eine externe Aktivität der Leistungserstellung umgewandelt. Die Publikation bzw. die Crowdfunding-Kampagne bekannt zu machen obliegt der Projektinitiatorin oder dem -initiator – im Fall von Unbound, Inkshares, Neobooks und Pentian also der Autorin oder dem Autor – inkl. der Aktivierung seines eigenen Netzwerkes durch Soziale Medien. Behilflich ist ihm wiederum die Crowd, die die Sozialen Medien zur Weiterempfehlung der Crowdfunding-Projekte nutzt, in die sie investiert hat. Mit Hilfe der Schwarmfinanzierung bzw. des Modells des Pre-Ordering übernehmen die Leserinnen und Leser zusätzlich die zuvor verlagsinterne

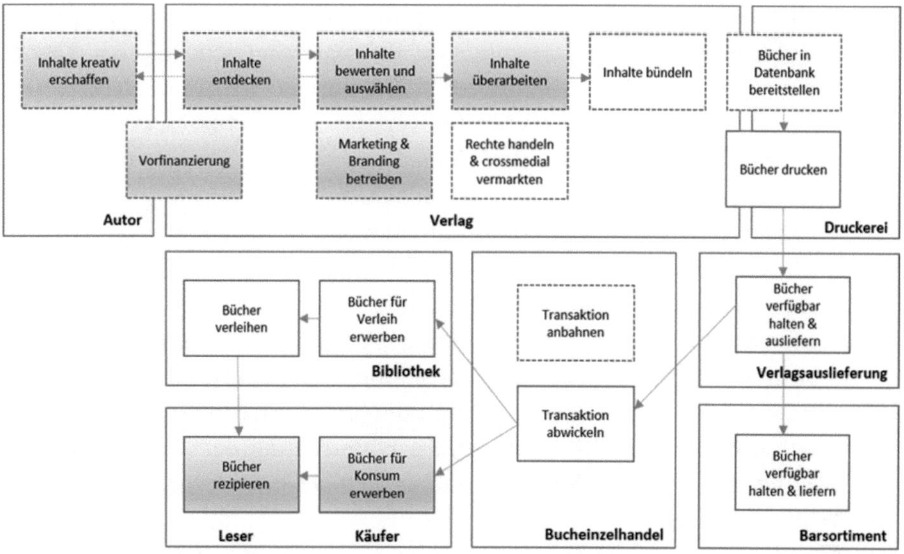

Abbildung 12: Aktivitäten der Crowd bei Crowdfunding im klassischen Wertschöpfungssystem der Buchbranche (vgl. Janello (2010), S. 58).

Aktivität der Vorfinanzierung der Publikationen. Abbildung 12 zeigt das klassische Wertschöpfungssystem der Buchbranche, wie auch in Kapitel 3.1 dargestellt. Jene Aktivitäten, in denen in den analysierten Fallbeispielen die Crowd involviert ist, sind nun grau hinterlegt.

Nach den Zeitschriften steuern die elektronischen Medien aktuell den zweitgrößten Anteil am Gesamtumsatz der Fachverlage bei und haben damit sowohl Fachbücher als auch Loseblattsammlungen 2014 erstmals überholt.[359] Fachverlage und deren Mitarbeiterinnen und Mitarbeiter konnten in den letzten Jahren bereits zahlreiche Erfahrungen mit externen Dienstleisterinnen und Dienstleistern für die technische Planung und Entwicklung von digitalen Verlagsprodukten sammeln, notwendiges technisches Know-how intern aufbauen oder neue Mitarbeiterinnen oder Mitarbeiter einstellen. Die technische Entwicklung, Wartung und das Management einer Crowdfunding-Plattform, die Zusammenarbeit mit externen Dienstleistern sowie die Abwicklung einer Crowdfunding-Kampagne auf externen Plattformen sind mit entspre-

359 Vgl. Börsenverein des Deutschen Buchhandels (2015): S. 118.

chender Planung und Vorbereitung für Fachverlage ebenso wie für die Unternehmen der Fallbeispiele im Publikumsbereich möglich. Durch die homogene Beschaffenheit der Zielgruppen ist die Betreuung des Netzwerkes grundsätzlich für Fachverlage einfacher zu bewerkstelligen als für Publikumsverlage mit einer heterogenen Kundenzusammenstellung. Aus diesem Grund versuchen die Crowdfunding-Verlage der Fallbeispiele durch den Fokus auf ein bestimmtes Themengebiet (z. B. Science-Fiction) oder ein Alleinstellungsmerkmal (z. B. Crowdfunding für spanischsprachige Belletristik inkl. finanzieller Gegenleistung für Leserinnen und Leser) oder ein bereits bestehendes Netzwerk einer bekannten Persönlichkeit (z. B. Terry Jones) die Zielgruppen in homogenere Blöcke zu unterteilen. Durch die Spezialisierung der Fachverlage auf einzelne Berufsgruppen ist die Unterteilung der Kundinnen und Kunden in einzelne Sparten weitaus weniger erforderlich als für Publikumsverlage.

In Bezug auf die Auslagerung bestimmter Marketingaktivitäten von verlagsinternen Mitarbeiterinnen und Mitarbeitern auf die Leserinnen und Leser und deren Soziale Medien bedeutet für Fachverlage ebenso wie für Publikumsverlage eine Umstellung. Erfolgskritisch für jede Crowdfunding-Initiative von Unternehmen und der damit einhergehenden Transparenz bzw. Öffnung, ist für Leimeister das »Befähigen der Mitarbeiter zur Crowd Work«.[360] Ob Autorinnen und Autoren von Fachverlagen die Kommentare der Crowd in die Gestaltung ihre Publikationen einfließen lassen können, hängt wie auch bei Publikumsverlagen von der inhaltlichen Qualität des Feedbacks ab. Hilfreich ist, dass die Leserinnen und Leser sowie die Autorinnen und Autoren eines Fachverlages aufgrund der Konzentration auf eine bestimmte Berufsgruppe über einen ähnlichen Ausbildungsgrad in ihrem Fachgebiet verfügen. Denkbar wäre auch eine Vorselektion der Crowd-Kommentare hinsichtlich Qualität und Einsatzbarkeit durch die Lektorinnen und Lektoren des Verlages als Teil der Netzwerkbetreuung.

6.1.9 Ressourcen

Zu den Schlüsselressourcen des Geschäftsmodells »Crowdfunded Publishing« zählt wie im traditionellen Verlagsgeschäft das Wissen um

360 Vgl. Leimeister (2012): S. 391.

Herstellung, Lektorat, Kundengewinnung und Distribution der Werke. Zusätzlich erfordert Crowdfunding die Nutzung einer Online-Plattform, um die Interaktion zwischen Autorin und Autor, Leserin und Leser und Verlag bzw. die Finanzierungsströme abwickeln zu können. Wird eine unternehmenseigene Online-Plattform eingesetzt, gehören die notwendigen finanziellen und personellen Mittel für deren technische Entwicklung und Wartung zu den wesentlichen Ressourcen. Hierfür werden wie im Fallbeispiel Inkshares externe Dienstleisterinnen und Dienstleister beauftragt oder wie im Fallbeispiel Pentian intern vorhandenes technisches Know-how der Mitarbeiterinnen und Mitarbeiter genutzt. Im letzten Fall zählen das technische Firmenwissen und die Patente zu den intellektuellen Ressourcen des Crowdfunding-Verlages. Im Fall von Unbound kommt zusätzlich die Entwicklung und Betreuung des »Shed« hinzu, der Autorinnen und Autoren die semiöffentliche Weiterentwicklung ihrer Publikationen gestattet. Werden unternehmensexterne Plattformen wie Kickstarter oder Startnext genutzt, müssen die zeitlichen Ressourcen für die aufwendige Betreuung der Kampagne berücksichtigt werden. Wesentlich ist die Vorab-Erstellung eines Kommunikations- und Bewerbungsplanes, um ausreichend zeitliche, finanzielle und personelle Ressourcen für das Marketing inkl. Social Media-Kampagnen garantieren zu können. Die fünf analysierten Fallbeispiele lassen erkennen, dass es sich aus Sicht der Verlage empfiehlt, einen Großteil der Marketingaktivitäten an die Autorinnen und Autoren auszulagern. Diese können zum einen ihr eigenes Netzwerk leichter zur Finanzierung der Crowdfunding-Projekte aktivieren und zum anderen lässt sich, wie das Fallbeispiel Warner Bros. zeigt, die Legitimation für Crowdfunding für Konzerne oder etablierte Unternehmen in der öffentlichen Wahrnehmung schwieriger argumentieren als für kreative Einzelpersonen. Zusätzliche zeitliche und personelle Ressourcen müssen für die Manuskriptauswahl und die Betreuung der Leser- und Autorencommunities eingeplant werden, im Fall von Inkshares außerdem für das Bonussystem der Unterstützerinnen und Unterstützer, bei Neobooks für das Management der Kundenbewertungen. Weitere Ressourcen müssen für die Umsetzung der teils sehr aufwendigen Gegenleistungen der Crowdfunding-Kampagnen berücksichtigt werden, sofern diese die Verlage betreffen. Darunter fällt z. B. die Organisation spezieller Lesungen oder Buchpräsentationen. Auch der Druck von Spezial-Ausgaben mit individuellen Widmungen für die Unterstützerinnen und Unterstützer wäre mittels Print-on-Demand-Infrastruktur denkbar.

Finanzielle Ressourcen sollten außerdem für die Mitarbeiterinnen und Mitarbeiter eingeplant werden: Handelt es sich bei Crowdfunding um die Ergänzung zu traditionellen Einnahmequellen oder wird die Schwarmfinanzierung nur für einzelne Projekte genutzt, ist die Vorbereitung der Unternehmenskultur bzw. Unternehmensorganisation von interner zur interaktiver Wertschöpfung Bedingung.[361]

6.1.10 Distribution

Die Distribution der Publikationen erfolgt einerseits mittels Direktvertrieb über die Online-Plattformen der Crowdfunding-Verlage und andererseits über den Bucheinzelhandel bzw. digitalen Verkaufsplattformen wie Amazon, Libreka oder Chiando. Die Fallbeispiele zeigen, dass die Crowdfunding-Plattformen als Distributionskanal genutzt werden können, für den Vertrieb aber auch externe Partnerschaften eingegangen werden: Unbound hat den Vertrieb an Cornerstone ausgelagert, einer Sparte des traditionellen Verlagshauses Penguin Random House; Inkshares nutzt für die weltweite Distribution seiner Publikationen den externe Dienstleister Ingram Publishing Services; Neobooks liefert die E-Books an über 300 Online-Händler bzw. übergibt die Vertriebsagenden im Zuge des traditionellen Verlagsvertrages an Droemer Knaur oder Rowohlt.

6.1.11 Einnahmen

Erlöse erzielen die analysierten Beispielunternehmen indem ein gewisser Prozentsatz der mittels Crowdfunding lukrierten Einnahmen nicht an die Autorin oder den Autor – oder im Fall von Pentian an die Investorinnen und Investoren – weitergegeben, sondern einbehalten wird. Bei Pentian sind dies 10, bei Neobooks 30 und bei Unbound 50 Prozent. Inkshares differenziert zwischen gedruckten Büchern und E-Books – im ersten Fall erhält die Autorin oder der Autor 50 Prozent, bei der digitalen Version 70 Prozent. Kickstarter hebt eine Vermittlungsprovision von 5 Prozent ein. Zusätzlich konnten Unbound und Inkshares Venture Ca-

361 Vgl. Leimeister (2012): S. 391.

pital-Gesellschaften und Angel Investoren zur Sicherstellung der wirtschaftlichen Tragfähigkeit gewinnen.

Die Fallbeispiele zeigen, dass Crowdfunding bzw. die Vorfinanzierung der Produktionskosten durch die Crowd eine wertvolle Ergänzung traditioneller Verlagsumsätze – dem regulären Verkauf der Publikationen im Handel – darstellen kann. Dies gilt für Publikumsverlage gleichermaßen wie für Fachverlage. Letzteren sind zusätzliche Einnahmen zur Vorfinanzierung aufgrund des Subskriptionsmodells einerseits bzw. Druckkostenzuschüsse durch Autorinnen und Autoren im wissenschaftlichen Bereich andererseits bekannt.

6.1.12 Externe Partnerinnen und Partner

Die genutzten Partnerschaften in den analysierten Fallbeispielen sind vielfältig. Während Pentian auf Kooperationen mit externen Partnerinnen und Partnern verzichtet und auch die technische Entwicklung der Online-Plattform inhouse umsetzt, arbeitet Inkshares mit zahlreichen externen Unternehmen zusammen. Zu Marketingzwecken hat Inkshares die sogenannten »Collections« implementiert, die Zusammenführung mehrerer Werke zu einer gemeinsamen Reihe unter der Schirmherrschaft einer bekannten Persönlichkeit wie z. B. »The Nerdist« Chris Hardwick. Entsprechend der Kategorisierung von Osterwalder/Pigneur handelt es sich hierbei um eine strategische Allianz zwischen Nicht-Wettbewerbern. Zusätzlich kooperiert Inkshares mit externen Expertinnen und Experten für Lektorat, Herstellung und Design der Publikationen, genauso wie mit Print-on-Demand-Plattformen und Ingram Publishing Services für die weltweite Distribution. Unbound arbeitet mit dem traditionellen Verlagshaus Penguin Random House zusammen, da es den kompletten Vertrieb der Publikationen an dessen Vertriebssparte Cornerstone übergeben hat. Bei Neobooks wird eine strategische Partnerschaft zwischen konzerninternen Wettbewerbern angewandt, da die Online-Plattform sowohl den Verlag Droemer Knaur als auch Rowohlt – Verlagsschwestern der Holtzbrinck-Gruppe – bei der Suche nach neuen Autorentalenten unterstützt.

Da ein bestehender Fachverlag über die notwendigen Strukturen intern verfügt bzw. bereits etablierte Partnerschaften mit externen Dienstleistern aufgebaut hat, werden zusätzliche Partnerinnen und Partner nur für die Entwicklung der Crowdfunding-Plattform notwendig sein, sofern die entsprechenden technischen Kompetenzen nicht inhouse vorhanden sind oder wie im Fallbeispiel Warner Bros. eine unternehmensfremde Plattform genutzt wird.

6.1.13 Graphische Darstellung des Geschäftsmodell-Ansatzes »Crowdfunded Publishing«

Abbildung 13 zeigt eine graphische Darstellung des Geschäftsmodell-Ansatzes »Crowdfunded Publishing« inkl. der durch die oben durchgeführte Analyse der vorhandenen Theorie sowie durch die Fallbeispiele gewonnenen Erkenntnisse. Der Geschäftsmodell-Ansatz dient Fachverlagen als Leitfaden für die Integration von Crowdfunding.

6.2 Handlungsempfehlungen für »Crowdfunded Publishing« im Fachverlag

»Crowdfunded Publishing« folgt dem Muster der Multi-sided Platform und stellt ein hybrides Geschäftsmodell dar. Mithilfe einer Online-Plattform werden die voneinander abhängigen Zielgruppen des Verlages zusammengebracht (Connection), die Verfügbarmachung von Publikationen ermöglicht (Content) und deren Finanzierung sichergestellt (Commerce).[362]

Betrachtet man die einzelnen Elemente des Geschäftsmodells, die damit im Zusammenhang stehenden Erfolgskriterien und die grundsätzlichen Charakteristika von Fachverlagen wird deutlich, dass Crowdfunding für Fachverlage eine Option sein kann, traditionelle Verlagsumsätze durch eine weitere Finanzierungssäule zu ergänzen. Zusätzlich können Fachverlage vom Marktforschungsaspekt der Schwarmfinanzierung und einer erhöhten Zielgruppenkenntnis profitieren.[363]

Der Einsatz von Crowdfunding im Fachverlag entspricht dem aktuellen Crowdfunding-Trend, der die alternative Finanzierungsform nicht mehr ausschließlich für einzelne Künstlerinnen und Künstlern oder technologischen Start-ups vorsieht, sondern nun auch etablierten Traditionsunternehmen öffnet.[364]

---

362 Vgl. Wirtz (2013b): S. 383ff.

363 Vgl. Belleflamme et al. (2013b): S. 331.

364 Vgl. Godelnik (2013): o. S.

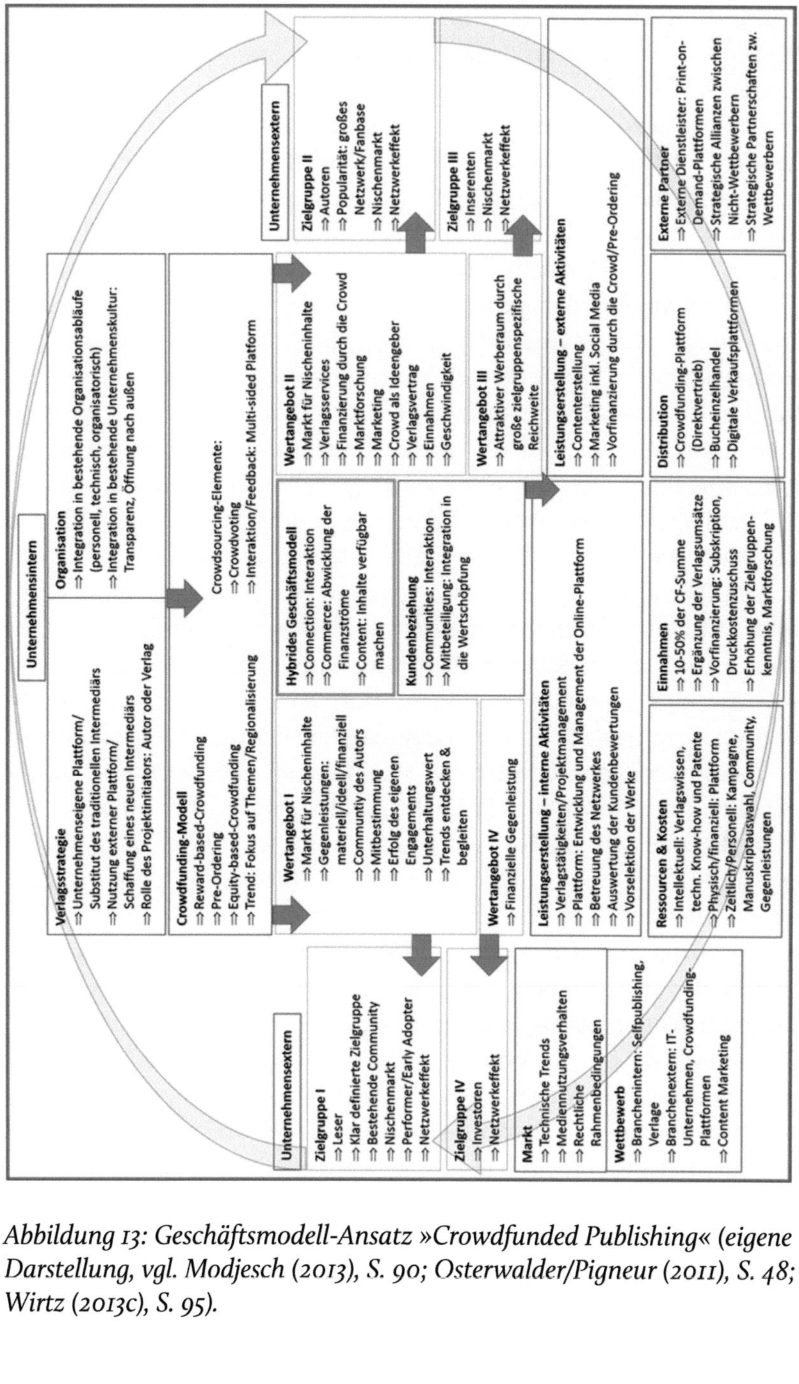

Abbildung 13: Geschäftsmodell-Ansatz »Crowdfunded Publishing« (eigene Darstellung, vgl. Modjesch (2013), S. 90; Osterwalder/Pigneur (2011), S. 48; Wirtz (2013c), S. 95).

Verlage, die Crowdfunding in ihr Geschäftsmodell integrieren möchten, betreten einen neuen Markt, der nicht nur die permanente Beobachtung technischer Trends, des Mediennutzungsverhaltens der Zielgruppe und der Konkurrenzunternehmen aus IT, Selfpublishing-Plattformen und Start-ups im Verlagswesen erfordert, sondern auch die Evaluation des intern vorhandenen technischen und betriebswirtschaftlichen Know-hows für die Entwicklung und Vermarktung der Crowdfunding-Initiativen notwendig macht. Vorteilhaft für Fachverlage wirkt sich der hohe Anteil an digitalen Verlagsprodukten aus – elektronische Medien wie E-Books oder Online-Datenbanken sind mit 18,6 Prozent am Gesamtumsatz bereits der zweitgrößte Umsatzbringer nach den Fachzeitschriften.[365] Durch die verlagsinterne Umstellung der Wertschöpfungsprozesse auf digitale Produkte, wurden technische Kompetenzen bereits intern aufgebaut oder mit externen Dienstleistern zusammengearbeitet. Die dadurch gewonnenen Erkenntnisse und Erfahrungen können in die Entwicklung und das Management einer verlagseigenen Crowdfunding-Plattform oder in die Umsetzung einer Crowdfunding-Kampagne mit Hilfe unternehmensexterner Plattformen einfließen. Neben der technologischen Komponente kann Crowdfunding abhängig vom Mitbestimmungsgrad und der Integration der Leserinnen und Leser in zuvor verlagsinterne Prozesse eine Anpassung der Unternehmenskultur des Verlages erforderlich machen. Wenn neben dem Finanzierungsaspekt durch Crowdfunding zusätzliche Crowdsourcing-Elemente, wie die inhaltliche Mitgestaltung der Leserinnen und Leser oder Bewertungsfunktionen der Publikationen, in die Initiativen inkludiert werden, ist eine zunehmende Transparenz und für Verlage ungewohnte Öffnung nach außen die Folge.[366] Eine Unternehmenskultur, die den Einfluss der Zielgruppen auf zuvor verlagsinterne Entscheidungen möglich macht, muss implementiert werden.[367]

Eine Analyse der Zielgruppen zeigt, dass sich diese bedingt durch ihr grundsätzliches Interesse an digitalen Verlagsprodukten einerseits und ihrer homogenen Zusammensetzung andererseits, positiv auf die Implementierung von Crowdfunding in Fachverlagen auswirken. Fachverlage sind durch die Konzentration auf den speziellen Informations-

365 Vgl. Börsenverein des Deutschen Buchhandels (2015): S. 118.
366 Vgl. Letz (2014f): o. S.
367 Vgl. Leimeister (2012): S. 391.

bedarf einer einzelnen Berufsgruppe durch einen eindeutig definierten und homogenen Rezipientenkreis gekennzeichnet. Die für den Erfolg von Crowdfunding essentielle »Community« ist in Fachverlagen daher meist bereits vorhanden. Notwendig ist es, die Bindung der Leserinnen und Leser zur Autorin oder zum Autor mit Hilfe der Crowdfunding-Kampagnen in finanzielle Unterstützungen umzuwandeln. Dem Wunsch der Geldgeberin und Geldgeber, Teil des Netzwerkes der Autorin oder des Autors zu sein, einer Gemeinschaft Gleichgesinnter anzugehören und als Kundin oder Kunde eine Sonderstellung zugesprochen zu bekommen, muss entsprochen werden. Crowdfunding bietet dafür zahlreiche Möglichkeiten: Den Unterstützerinnen und Unterstützern wird die direkte Interaktion und der fachliche Austausch mit der Autorin oder dem Autor ermöglicht, Einblicke in erste fertige Kapitel der Publikation gewährt, das fertige Werk zu einem günstigeren Preis oder noch vor offiziellem Vertriebsstart zur Verfügung gestellt oder mit zusätzliche materiellen oder ideellen Gegenleistungen verknüpft. Der Aspekt des Crowdfunding-Systems, dass Leserinnen und Leser das Werk zu einem frühen Zeitpunkt zu einem günstigeren Preis erhalten und dadurch die Vorfinanzierung der Produktionskosten ermöglichen, ist Fachverlagen durch das Subskriptionsmodell bekannt – vor allem wenn Reward-based-Crowdfunding oder Pre-Ordering angewandt wird. Crowdfunding kann dazu dienen, das Subskriptionsmodell für Fachverlage in moderner Form wieder aufleben zu lassen.

Die homogene Zusammensetzung der Kundensegmente bzw. die bereits vorhandenen Communities erleichtern Fachverlagen die Zielgruppenansprache und das Marketing der Crowdfunding-Kampagne. Vorteilhaft wirkt sich der in manchen Fachverlagen vorhandene Fokus auf Nischenthemen aus. Die Fallbeispiele zeigen, dass die Konzentration auf einen Nischenmarkt oder ein spezifisches Genre erfolgskritisch für »Crowdfunded Publishing« ist. So fokussiert Inkshares auf Fantasy und Science-Fiction, Pentian auf spanischsprachige Belletristik und Warner Bros. stellt mit der Kickstarter-Kampagne für den Veronica-Mars-Film ein Einzelprojekt in den Mittelpunkt. Des Weiteren ist die Größe des Netzwerkes der Autorinnen und Autoren ein wesentliches Erfolgskriterium, weshalb die Unternehmen der Fallbeispiele die Zusammenarbeit mit bereits bekannten Autorinnen und Autoren oder die Partnerschaft mit populären Persönlichkeiten – wie beispielsweise Inkshares für die »Collections« – suchen. Dies ist vor allem beim Start einer neuen Crowdfunding-Plattform aufgrund des Netzwerkeffektes ausschlaggebend: Je größer die Anzahl der qualitativ hochwertigen Projekte, die auf der Plattform vorgestellt werden, desto interessanter die Crowdfunding-Plattform für die Zielgruppe der Leserinnen und Leser. Die Zielgruppe der Autorinnen und Autoren wiederum präsentiert ihre Publikationsideen nur dann der Öffentlichkeit, wenn sie mit einer ausreichend großen Leserinnen- und Leser-Community rechnen kann.[368]

Für Fachverlage kann Crowdfunding als Ergänzung traditioneller Verlagsumsätze z. B. bei Reihen mit Fokus auf Randthemen angewandt werden. Wie bei dem Fallbeispiel der Veronica-Mars-Kampagne, bei der der Film als letzter Teil der Veronica-Mars-Serie angesehen werden kann, sind bei Publikationsreihen die Qualität der Einzelwerke und der Autorinnen und Autoren bereits bekannt. Aufgrund der Etablierung der Reihe durch traditionelle Mittel wurde eine Leserschaft aufgebaut, die zur Vorfinanzierung des nächsten Bandes motiviert werden kann. Als Projektinitiatorin oder -initiator kann grundsätzlich die Autorin oder der Autor oder der Verlag auftreten. Wird vermutet, dass die Legitimation für Crowdfunding für den Verlag schwieriger zu kommunizieren ist als für die Autorin oder den Autor als »Sprecher der Community«, empfiehlt es sich, die Crowdfunding-Kampagne an die Autorin oder den Autor auszulagern. Fraglich ist, inwieweit bekannte Autorinnen und Autoren im Fachbereich, für die das Publizieren in der Regel nur neben der regulären beruflichen Tätigkeit passiert, bereit sind, zeitliche Ressourcen in eine Crowdfunding-Kampagne zu investieren. Hier müssen gezielt »Early Adopter« angesprochen werden: Mitglieder des Sinus-Milieus der Performer mit einem gewissen Hang zur Experimentierfreude, die Interesse an neuen Trends und Technologien haben. Um wie im Fallbeispiel Warner Bros. nicht das Unternehmen, sondern den tatsächlichen Schöpferinnen und Schöpfer des Werkes als Projektinitiatorin oder -initiator auftreten zu lassen, wäre es aus Sicht der Verlage auch denkbar, der Autorin oder dem Autor ein Verlagsteam bestehend aus Social Media Manager und fachlich versierter Lektorin oder versiertem Lektor zur Seite zu stellen, die die Crowdfunding-Kampagne und das Netzwerk betreuen.

Neben einer klar definierten homogenen Zielgruppe verfügt der Fachverlag über eine dem Publikumsverlag überlegenen Nähe zu sei-

368 Vgl. Agrawal et al. (2013): S. 29.

nen Kundinnen und Kunden. Bedingt durch den Direktvertrieb, den Zeitschriftenabonnements und der Tatsache, dass Autorinnen und Autoren eines Fachverlages meist auch andere Funktion wie Leserinnen und Leser, Vortragende sowie Besucherinnen und Besucher der Fachseminare einnehmen, ist die Kundenbeziehung durch ein Naheverhältnis gekennzeichnet. In Folge verfügt der Fachverlag nicht nur über die Adressen der Leserinnen und Leser, sondern kann durch die Analyse bisheriger Bestellungen auch Informationen über deren Interessen und beruflichen Weiterbildungsbedarf ableiten. Verfügt ein Fachverlag bei den Leserinnen und Lesern, Autorinnen und Autoren sowie Inserentinnen und Inserenten über ein gutes Image, ist er als Partner akzeptiert und erhält bei der Einführung neuer Produktformen einen gewissen Vertrauensvorschuss. Die Intensivierung der Kundenbeziehung durch Crowdfunding Richtung »Communities« ist daher für Fachverlage weniger gravierend als dies bei Publikumsverlagen der Fall wäre. Eine über Crowdfunding hinausgehende Integration der Kundinnen und Kunden in den Produktentwicklungsprozess ist für Fachverlage grundsätzlich möglich und folgt dem Wunsch der Leserinnen und Leser nach aktiver Mitgestaltung. Wie stark zusätzliche Crowdsourcing-Komponenten sein können, hängt vom spezifischen Einzelfall ab. Die Fallbeispiele zeigen, dass die Interaktion mit dem Autor ein wesentliches Erfolgskriterium ist und die Crowd aktiv zur Mitgestaltung eingeladen werden muss. So erhöht sich einerseits die emotionale Bindung an die Publikation und die Crowd ist bereit, das Werk in ihren privaten sozialen Netzwerken weiterzuempfehlen. Der Multiplikatoreffekt ist die Folge. Andererseits hat Crowdsourcing das Potential, das Werk entsprechend den Leserwünschen weiterzuentwickeln oder zu optimieren. Die Crowd wird in diesem Fall sowohl als Ideengeberin oder -geber als auch als Endkundin oder -kunde wahrgenommen, Crowdfunding als Marketinginstrument. Die Möglichkeiten, die Leser mittels über Crowdfunding hinausgehende Crowdsourcing-Initiativen in die Publikationen einzubinden sind vielfältig. Wesentliches Element ist die Kommunikation: Die Online-Plattform muss es Autorin und Autor sowie Leserin und Leser ermöglichen, in Interaktion zu treten. In den Fallbeispielen Unbound, Inkshares und der Kickstarter-Kampagne von Warner Bros. passiert dies über Kommentar- und Feedbackfunktionen der Plattform. Warner Bros. integriert die Unterstützerin und den Unterstützer als ideelle Gegenleistung direkt in das zu finanzierende Endprodukt in Form von Statisten- und Sprechrollen oder indem eine Figur im Film den Namen der Geldgeberin oder des Geldgebers trägt. Dies ist für Fachverlage zwar in dieser Form nicht möglich, andere ideelle Gegenleistungen, die zusätzlich den Community-Gedanken der Leserinnen und Leser fördern aber durchaus: etwa der Abdruck des Namens vorne im Buch oder genau an jener Stelle, die durch den Kommentar der Unterstützerin oder des Unterstützers beeinflusst wurde, eine Einladung zur exklusiven Buchparty etc. Neobooks nutzt Crowdvoting, um die Leser in die Wertschöpfungskette des Verlages zu integrieren. Ein 5-Stern-Bewertungssystem durch die Leserinnen und Leser ist auch für Fachverlage möglich. Dadurch kann dem Wunsch der Autorinnen und Autoren nach »Anerkennung erbrachter Leistungen« (siehe Kapitel 2.4.1) gerecht werden, da Jungautorinnen und -autoren mit überdurchschnittlich guten Bewertungen durch die Crowd die Aufmerksamkeit der Fachcommunity auf sich lenken und positive Reputation aufbauen können. Werden ideelle Prämien für gute Crowdfunding-Publikationen oder herausragende Crowd-Kommentare durch den Verlag vergeben, motiviert dies Jungautorinnen und -autoren oder etwa Studentinnen und Studenten, am Crowdfunding-Prozess teilzunehmen. Für Fachverlage denkbar ist auch den Crowdsourcing-Gedanken Richtung Crowdcreation auszuweiten, wie dies etwa der Verlag De Gruyter bei ausgewählten Enzyklopädien durchführt (siehe Abbildung 11). Auf diesen weit über Crowdfunding hinausgehenden Bereich wird im Laufe der vorliegenden Arbeit aber nicht näher eingegangen.

Fachverlage, die Crowdfunding in ihr Geschäftsmodell integrieren möchten, stehen zwei strategische Auswahlmöglichkeiten zur Verfügung: die Entwicklung einer eigenen verlagsinternen Online-Plattform oder die Nutzung bestehender externer Plattformen wie Kickstarter oder Startnext. Während der Vorteil der zweiten Variante in den niedrigen Investitionskosten liegt, bietet die erste Option deutlich mehr Freiheiten. Neben der Dauer der Crowdfunding-Kampagne kann auch die notwendige Finanzierungssumme, die Anzahl der Gegenleistungen sowie der Grad der Crowdsourcing- und Interaktions-Elementen den spezifischen Anforderungen des Fachverlages entsprechend designt werden. Die Entwicklung einer verlagsinternen Online-Plattform folgt dem aktuellen Crowdfunding-Trend, themenspezifische Plattformen anstelle allgemeiner Plattformen wie Kickstarter oder Startnext zu nutzen.

Die Fallbeispiele zeigen, dass sowohl Reward-based-Crowdfunding inkl. Pre-Ordering, als auch Equity-based-Crowdfunding im internationalen Verlagswesen angewandt wird. Mit dem Alternativfinanzierungsgesetz wurde in Österreich 2015 der gesetzliche Rahmen für Equity-based-Crowdfunding geschaffen. Um den Umsatz mit einer Publikation, der im Fachverlag für ein einzelnes Werk in der Regel niedriger ausfällt als für Beststeller im Publikumsbereich, nicht an Investorinnen und Investoren weitergeben zu müssen, empfiehlt es sich, das Reward-based-Modell einzusetzen. Die Entscheidung für Reward-based-Crowdfunding entspricht der in Kapitel 2.5 dargestellten Ergebnisse von Belleflamme et al.[369], die bei einem im Vergleich zur Größe des Marktes geringen Bedarf an Finanzmitteln ein Belohnungs- oder sogar Schenkungsprinzip am sinnvollsten erachten. Bei der Auswahl der Gegenleistungen ist einerseits auf die Wünsche und Anforderungen der jeweiligen Zielgruppe und andererseits auf die Realisierbarkeit für den Verlag zu achten. Die positiven Erfahrungen der Unterstützerinnen und Unterstützer nach erfolgreichem Abschluss einer Crowdfunding-Kampagne dürfen nicht durch Umsetzung der Gegenleistungen in schlechter Qualität zunichte gemacht werden, wie dies im Fallbeispiel Warner Bros. bei der digitalen Version des Films passiert ist.

Für Fachverlage wesentlich ist der hohe Qualitätsanspruch der Leserinnen und Leser. Fachverlage dürfen durch den Einsatz von Crowdfunding nicht ihr aufgebautes Image als Lieferant von qualitativ hochwertigem Content aufs Spiel setzen. Aus diesem Grund ist die Vorselektion der Werke, die auf der Online-Plattform präsentiert werden sollen, durch fachlich versierte Lektorinnen und Lektoren des Verlages sowie ein Qualitätsmanagement bzw. der Einsatz von Kontrollmechanismen für die Kommentare durch die Crowd, wie auch in den Fallbeispielen Inkshares, Neobooks und Pentian dargestellt, entscheidend.

Um den hohen Ansprüchen der Leserschaft eines Fachverlages gerecht zu werden, muss die Crowdfunding-Plattform maximale Transparenz bieten. Informationen wie die aktuelle Anzahl der Unterstützerinnen und Unterstützer, die Höhe des bisher gesammelten Betrages, eine Auflistung der Projekte, in der die Geldgeberin und der Geldgeber zuvor bereits investiert haben, das geplante Erscheinungsdatum, der Buchpreis nachdem das Werk offiziell am Markt erschienen sein wird

369 Vgl. Belleflamme et al. (2013a): S. 585.

und vieles mehr müssen der Crowd permanent und tagesaktuell zur Verfügung stehen.[370]

Für den Erfolg einer Crowdfunding-Kampagne ausschlaggebend ist zudem die intensive Nutzung Sozialer Medien durch die Projektverantwortlichen. Dazu gehört eine ausgiebige Kommunikation mit den potenziellen Geldgeberinnen und Geldgebern inkl. regelmäßiger Updates über den Fortschritt der Publikation, Hintergrundinformationen zu Werk und Autorin oder Autor, Einblick in erste fertige Kapitel und die Initiierung der Kampagne als spannendes Event. Das Ziel ist es, die Leserinnen und Leser emotional an den Erfolg des Crowdfunding-Projektes zu binden, um den Multiplikatoreffekt zu erhöhen. Wesentlich ist die Erstellung eines Kommunikations- und Bewerbungsplans für die Kampagne, um die Social-Media-Kanäle optimal zu nutzen und die richtige Balance zwischen Herdenverhalten und Zuschauereffekt zu erreichen. Aus Sicht des Verlages muss bei der Entwicklung der Crowdfunding-Plattform eine Verknüpfung der Kampagne mit den Autorinnen- und Autoren-Accounts auf Facebook, Twitter etc. ermöglicht werden.

Für Fachverlage empfiehlt es sich, vor allem zu Marketingzwecken strategische Allianzen mit Nicht-Wettbewerben aufzubauen, beispielsweise in Form von Kooperationen mit bekannten Persönlichkeiten oder Unternehmen, die, ähnlich wie im Fallbeispiel Inkshares, die Schirmherrschaft für einzelne Werke oder kompletten Reihen übernehmen können. Des Weiteren ist die Zusammenarbeit mit externen Partnern wie Print-on-Demand-Plattformen sinnvoll, um Lagerkosten für mittels Crowdfunding finanzierte Publikationen aus Nischenthemen zu reduzieren.

Crowdfunding stellt eine Möglichkeit für Fachverlage dar, den durch die Digitalisierung bedingten Umbruch zu ihrem Vorteil zu nutzen. Nicht unterschätzt werden darf dabei allerdings der zusätzliche Arbeitsaufwand durch die Entwicklung und das Management der Plattform, der Betreuung der Online-Community und der Integration der Crowdfunding-Elemente in bestehende Produktionsprozesse und die Organisationskultur des Verlages. Entsprechend hohe zeitliche, personelle und finanzielle Ressourcen müssen im Vorfeld einkalkuliert werden, möchte ein Fachverlag Crowdfunding als Geschäftsmodell zum Einsatz bringen.

---

370 Vgl. Belleflamme et al. (2013a): S. 590.

7. Fazit

Unter Crowdfunding wird eine Finanzierungsform verstanden, die mittels eines offenen Aufrufs zumeist über das Internet und inkl. der Nutzung Sozialer Medien eine große Anzahl von Einzelpersonen (die »Crowd«) dazu animiert, jeweils eine vergleichsweise kleine finanzielle Summe für die Umsetzung spezifischer Projekte zu Verfügung zu stellen. Die Projektinitiatorinnen und -initiatoren erhoffen sich neben dem Aspekt der Finanzierung, Crowdfunding zu Marketing- und Marktforschungszwecken nutzen zu können. Die Crowd wird als Endkundin oder Endkunde, Multiplikatorin und Multiplikator sowie als Ideengeberin und -geber wahrgenommen. Die Geldgeberin und der Geldgeber nehmen am Crowdfunding-Prozess aufgrund der materiellen, ideellen oder finanziellen Gegenleistungen teil, weil sie durch das eigene Engagement Projekte, mit denen sie sich identifizieren können, zu Erfolg verhelfen und Teil eines Netzwerkes sein wollen. Der Wunsch nach Mitbestimmung, Reputation und Unterhaltung sind weitere Faktoren, die die Unterstützerinnen und Unterstützer von Crowdfunding-Kampagnen antreiben. Während die Schwarmfinanzierung zu Beginn meist für kreative oder karitative Projekte sowie von IT-Start-ups eingesetzt wurde, beginnen nun auch etablierte Unternehmen, die Crowd für ihre Zwecke zu nutzen.

Die Fallbeispiele der Crowdfunding-Verlage zeigen, dass in Verlagen aktuell Reward-based- und Equity-based-Crowdfunding eingesetzt wird. Die Gegenleistungen für die Crowd sind sowohl materieller, ideeller als auch finanzieller Natur. Die materiellen Gegenleistungen beinhalten die durch die Crowdfunding-Kampagne ermöglichte Publikation als E-Book oder gedrucktes Buch, die ideellen »Dankeschöns« bestehen meist aus einer Einladung zur Buchpräsentation, dem Abdruck des Namens der Unterstützerin oder des Unterstützers im Buch oder aus einer persönlichen Lesung der Autorin oder des Autors – abhängig von der Höhe der eingesetzten Summe. Bei der Equity-based-Variante erhalten die Leserinnen und Leser eine finanzielle Gewinnbeteiligung in der Höhe von 0,5 bis 4 Prozent für drei Jahre. Die analysierten Crowdsourcing-Initiativen in den Fallbeispielen entwickelten sich aus Selfpublishing-Plattformen oder großen Verlagskonzernen heraus, werden von neuen Start-ups in der Verlagsbranche für Einzelprojekte oder zur ausschließlichen Finanzierung ihrer Werke eingesetzt. Verlage haben bei der Integration von Crowdfunding in ihr Geschäftsmodell zwei strategische Möglichkeiten zur Auswahl. Die erste Option beinhaltet die technische Entwicklung einer verlagseigenen Crowdfunding-Plattform, die die direkte Interaktion zwischen Autorin und Autor, Leserin und Leser sowie die organisatorische Abwicklung der Finanzströme ermöglicht. Bei der zweiten Auswahlmöglichkeit schaffen Unternehmen keine eigene Crowdfunding-Plattform, sondern nutzen externe Portale wie beispielsweise Kickstarter oder Startnext.

In den Fallbeispielen unterschiedlich sind die den Leserinnen und Lesern gebotenen Möglichkeiten zur inhaltlichen Mitgestaltung. Die Intensität reicht von keinerlei Interaktion zwischen Autorin und Autor sowie zwischen Leserin und Leser, über Kommentar- und Feedback-Funktionen auf den Plattformen, bis zu Systemen, die die Bewertung der Publikationen durch die Crowd ermöglichen (Crowdvoting). Die Mehrheit der analysierten Verlage inkl. der Crowdfunding-Plattform Kickstarter fördert das Mitspracherecht der Crowd durch die Aufforderung an die Unterstützer, entweder über die Online-Plattform oder via Soziale Medien in Kontakt mit der Autorin oder dem Autor zu treten und diesen durch Kommentare und Feedback bei der Gestaltung der Publikation zu unterstützen.

Bei näherer Betrachtung des entwickelten Geschäftsmodell-Ansatzes für »Crowdfunded Publishing« wird deutlich, dass Crowdfunding gravierende Auswirkungen auf das Geschäftsmodell eines traditionellen Verlages hat: Die Leistungserstellung wird zum Teil an die Crowd ausgelagert, neue Einnahmequellen werden erschlossen und die Kundenbeziehung intensiviert. Gleich bleiben zwar die grundsätzlichen Zielgruppen Autorin und Autor sowie Leserin und Leser, das ihnen gebotene Wertangebot verändert sich aber deutlich. Dies erfordert zusätzliche finanzielle, personelle, und technologische Ressourcen, deren Kosten nicht außer Acht gelassen werden dürfen und die Zusammenarbeit mit externen Partnerinnen und Partnern wie beispielsweise Print-on-Demand-Plattformen notwendig macht. Möchten Verlage Crowdfunding in ihr Geschäftsmodell integrieren, wird durch die technische Entwicklung der Online-Plattform ein neuer Markt betreten, der neue Wettbewerber u. a. in Form von Selfpublishing-Plattformen und IT-Unternehmen zur Folge hat.

Die vorliegende Arbeit zeigt anhand der einzelnen Geschäftsmodell-Elemente von »Crowdfunded Publishing«, der damit einhergehenden Erfolgskriterien und der grundsätzlichen Charakteristika von Fachverlagen, dass Crowdfunding für Fachverlage eine Option sein kann, traditionelle Verlagsumsätze durch Crowdfunding zu ergänzen. Während das grundlegende Ziel von Crowdfunding, die Finanzierung der Publikationen sicherzustellen, erfüllt wird, spielen die zusätzlichen Wertangebote für die Verlags-Zielgruppen weitaus größere Rollen. Darunter fällt zum einen die Förderung der Interaktion zwischen Autorin und Autor sowie Leserin und Leser, um die Kenntnisse über die Interessen und Vorlieben der Zielgruppen zu erhöhen, zum andern kann der Einsatz von Crowdfunding als Marktforschungsinstrument für den Verlag dienen. Leserinnen und Leser können mithilfe der Finanzierungszusage Interesse an einer Publikation bekunden und den Produktionsprozess durch ihren finanziellen Beitrag, ihre Kaufzusage oder – werden Crowdvoting-Elemente inkludiert – durch die positive Bewertung des Werkes fördern.

Möchte ein Fachverlag Crowdfunding als Geschäftsmodell einsetzen, ist die ständige Beobachtung technischer Trends, die Analyse des Mediennutzungsverhaltens der Zielgruppen und der Konkurrenzunternehmen erforderlich. Des Weiteren muss geklärt werden, inwieweit technisches Know-how für die Entwicklung einer verlagseigenen Online-Plattform und betriebswirtschaftliches Know-how für die Vermarktung der Crowdfunding-Initiativen intern bereits vorhanden ist, Schulungen oder neues Personal notwendig sind oder externe Dienstleisterinnen und -leister beauftragt werden müssen. Abhängig vom Mitbestimmungsgrad und der Integration der Leserinnen und Leser in zuvor verlagsinterne Prozesse, können die Anpassung der Unternehmenskultur des Fachverlages sowie das Befähigen der Mitarbeiterinnen und Mitarbeiter zur »Crowd Work« erforderlich sein.

In Bezug auf die Verlagsstrategie, die die Entscheidung für eine verlagsinterne oder -externe Plattform beeinflusst, stehen Fachverlage beide Optionen offen. Die zweite Variante ist zwar kostengünstiger, die Entwicklung einer verlagseigenen Online-Plattform erlaubt bei der Umsetzung der Crowdfunding-Kampagnen aber mehr Freiheiten und folgt dem Trend zu themenspezifischen Crowdfunding-Plattformen.

Fachverlage können bei dem Management einer eigenen Plattform auf Erfahrungen zurückgreifen, die aufgrund der bereits durchgeführten verlagsinternen Umstellung der Wertschöpfungsprozesse auf den hohen Anteil digitaler Verlagsprodukte gesammelt wurden.

Von den analysierten Fallbeispielen nutzt der Großteil Reward-based-Crowdfunding. Während aufgrund der gesetzlichen Rahmenbedingungen in Österreich durch das Alternativfinanzierungsgesetz Fachverlagen grundsätzlich auch Equity-based-Crowdfunding offensteht, erachten Belleflamme et al. bedingt durch den im Vergleich zur Größe des Marktes niedrigen Bedarf an Finanzmitteln Reward-based-Crowdfunding als sinnvoll.

Dem Wunsch der Leserinnen und Leser nach Mitgestaltung sollten Fachverlage bei der Integration von Crowdfunding nachkommen, um die emotionale Bindung der Unterstützerinnen und Unterstützer an die Publikationen zu fördern und den Multiplikatoreffekt zu ermöglichen. Hierfür empfiehlt es sich, Funktionen zur Interaktion zwischen Autorin und Autor sowie Leserin und Leser auf der Online-Plattform zu integrieren. Ein Bewertungssystem kann den Wunsch der Autorinnen und Autoren nach »Anerkennung erbrachter Leistungen« erfüllen, ideelle Prämien für inhaltlich gute Kommentare können Mitglieder der Crowd zur Teilnahme am Crowdfunding-Prozess motivieren, da sie sich den »Aufbau von Reputation« erhoffen.

Fachverlage verfügen durch den Fokus auf bestimmte Berufsgruppen über eine meist homogene Zielgruppe und eine bestehende Community. Dies wirkt sich vorteilhaft für Crowdfunding-Initiativen aus, da die Steigerung des Gemeinschaftsgefühls der Community-Mitglieder einerseits und der Fokus auf Nischenthemen andererseits erfolgskritisch sind. Unterstützen Leserinnen und Leser ein Crowdfunding-Projekt finanziell, muss ihnen eine Sonderstellung zugesprochen werden. Dies kann z. B. durch die Möglichkeit der direkten Interaktion und des fachlichen Austauschs mit der Autorin oder dem Autor, Einblicke in erste fertige Kapitel der Publikation, das fertige Werk zu einem günstigeren Preis noch vor dem offiziellen Vertriebsstart oder zusätzlicher ideeller und materielle Gegenleistungen garantiert werden. Bei der Auswahl der Gegenleistungen muss darauf geachtet werden, dass diese den Community-Gedanken zusätzlichen stärken (z. B. durch den Abdruck des Namens im Buch oder der Einladung zur exklusiven Buchparty) und deren Umsetzung qualitativ hochwertig möglich ist.

Wesentlich für den Erfolg der Crowdfunding-Kampagne ist außerdem die permanente Kommunikation mit den Geldgeberinnen und Geldgebern über die Crowdfunding-Plattform oder Soziale Medien. Ein Kommunikations- und Bewerbungsplan hilft dabei, durch gutes Timing die richtige Balance zwischen »Herdenverhalten« und »Zuschauereffekt« zu finden. Wird eine verlagseigene Plattform entwickelt, muss die Verknüpfung mit Sozialen Medien der Autorinnen und Autoren integriert werden. Die Fallbeispiele zeigen, dass Fachverlagen für die Integration von Crowdfunding der Programmfokus auf Nischenthemen oder spezifische Genres zu empfehlen ist. Weiteres Erfolgskriterium ist die Größe des Netzwerkes der Autorin oder des Autors. Vor allem beim Start des Crowdfunding-Geschäftsmodells sollten aufgrund des Netzwerkeffektes bekannte Autorinnen und Autoren gewonnen werden, die als »Early Adopter« eine gewisse Experimentierfreude und die Bereitschaft mitbringen, ihr soziales Netzwerk für die Finanzierung der Publikationen zu aktivieren. Möchte der Verlag nicht selbst als Projektinitiatorin oder -initiator der Crowdfunding-Kampagne auftreten, besteht die Möglichkeit, die Vermarktung des Projektes wie in den analysierten Fallbeispielen gezeigt, der Autorin oder dem Autor zu überlassen. Fraglich ist, inwieweit bekannt Autorinnen und Autoren im Fachbereich, für die das Publizieren zusätzlich zur regulären beruflichen Tätigkeit stattfindet, bereit sind, Zeit-Ressourcen für die Betreuung der Crowdfunding-Kampagne zu investieren. Denkbar wäre, ihnen dafür Mitarbeiterinnen und Mitarbeiter des Verlages in Form eines Social Media Managers und einer fachlich versierten Lektorin oder eines Lektors zur Seite zu stellen.

Bei Crowdfunding-Projekten in Fachverlagen muss der hohe Qualitätsanspruch der Leserinnen und Leser beachtet werden, um das Image als Lieferant von qualitativ hochwertigem Content nicht aufs Spiel zu setzen. Die Vorauswahl der auf der verlagsinternen Crowdfunding-Plattform präsentierten Werke durch Verlagslektorinnen und -lektoren ist ebenso wichtig wie das Qualitätsmanagement und der Einsatz von Kontrollmechanismen in Bezug auf die Kommentare der Crowd. Die Crowdfunding-Plattform selbst muss maximale Transparenz in Bezug auf die Anzahl bzw. Identität der bisherigen Unterstützerinnen und Unterstützer, des aktuell eingesammelten Betrages u. v. m. bieten.

Eine Möglichkeit für Fachverlage, Crowdfunding erfolgreich einzusetzen, stellen Publikationsreihen mit Fokus auf Nischenthemen dar.

Durch Reihen sind die Qualität der Einzelwerke und der Autorinnen und Autoren bekannt und eine Leserschaft hat sich etabliert, die zur Vorfinanzierung des nächsten Bandes motiviert werden kann.
Crowdfunding stellt eine Möglichkeit für Fachverlage dar, den durch die Digitalisierung bedingten Umbruch im Verlagswesen und das »Customer Empowerment« zu ihrem Vorteil zu nutzen. Eingeplant werden müssen allerdings hohe zeitliche, personelle und finanzielle Ressourcen, die mit der Entwicklung und dem Management der Online-Plattform, der Betreuung der Crowdfunding-Kampagne und der Online-Community sowie der notwendigen Integration der Crowdfunding-Elemente in bestehende Produktionsprozesse und die Organisationskultur des Verlages einhergehen.

Literaturverzeichnis

Abrams, Dennis (2014): Book Crowdfunding Platform Pentian Pays Writers and Readers. http://publishingperspectives.com/2014/06/book-crowdfunding-platform-pentian-pays-writers-and-readers/#.Vo5PlxXhChc (Zugriff am 7. 1. 2016).

Agrawal, Ajay/Catalini, Christian/Goldfarb, Avi (2011): The Geography of Crowdfunding. In: National Bureau of Economic Research, Working Paper No. 16820. http://www.nber.org/papers/w16820 (Zugriff am 28. 12. 2015).

Agrawal, Ajay/Catalini, Christian/Goldfarb, Avi (2013): Some Simple Economics of Crowdfunding. In: National Bureau of Economic Research, Working Paper No. 19133. http://www.nber.org/papers/w19133 (Zugriff am 12. 10. 2015).

Ammon, Thomas/Brem, Alexander (2014): Von Gutenberg zu Steve Jobs. Herausforderungen und Lösungen der Business Model Innovation dargestellt am Beispiel von (Fach-)Verlagen. In: Schallmo, Daniel R. A. (Hg.): Kompendium Geschäftsmodell-Innovation: Grundlagen, aktuelle Ansätze und Fallbeispiele zur erfolgreichen Geschäftsmodell-Innovation. Wiesbaden: Springer, S. 319–346.

Bacon, Beth (2014): Crowdfunding for Books: Pentian's Self-Publishing Model Expands to U.S. http://www.digitalbookworld.com/2014/crowdfunding-for-books-pentians-self-publishing-model-expands-to-us/ (Zugriff am 7. 1. 2016).

Baldauf, Ulrich (2013): Geschäftsmodellinnovationen: Entstehung und Gestaltungsmöglichkeiten in Einzelhandelsunternehmen. Universität Wien: Masterarbeit. http://othes.univie.ac.at/31662/1/2013-07-01_0651960.pdf (Zugriff am 30. 9. 2015)

Belleflamme, Paul/Lambert, Thomas/Schwienbacher, Armin (2013a): Crowdfunding: Tapping the Right Crowd. In: Journal of Business Venturing, 29, S. 585–609.

Belleflamme, Paul/Lambert, Thomas/Schwienbacher, Armin (2013b): Individual crowdfunding practices. In: Venture Capital: An International Journal of Entrepreneurial Finance, 15, S. 313–333.

Benesch, Thomas/Schuch, Karin (2013): Basiswissen zu Investition und Finanzierung. Wien: Linde (3. Aufl.).

Berkowitz, Daniel (2015): DBW Interview with Enrique Parrilla, CEO, Pentian. http://www.digitalbookworld.com/2015/dbw-interview-with-enrique-parrilla-ceo-pentian/ (Zugriff am 8. 1. 2016).

Bieger, Thomas/Bickhoff, Nils/Caspers, Rolf/zu Knyphause-Aufseß, Dodo/Reding, Kurt (Hg.) (2002): Zukünftige Geschäftsmodelle: Konzept und Anwendung in der Netzökonomie. Berlin/Heidelberg: Springer.

Blaschke, Florian (2015): 3 Start-ups der Publishing-Branche, von denen wir noch hören werden. http://t3n.de/news/3-startups-publishing-branche-647736/ (Zugriff am 31. 12. 2015).

Blohm, Ivo/Sieber Eva/Schulz, Moritz/Haas, Philipp/Leimeister, Jan Marco/Wenzlaff, Karsten/Gebert, Michael (2015): Crowdfunding 2020. Komplement oder Substitut für die Finanzwirtschaft? Norderstedt: BoD.

Blohm, Ivo/Leimeister Jan Marco/Wenzlaff, Karsten/Gebert, Michael (2013): Crowdfunding-Studie 2013/2014: Analyse, Perspektiven und Erfolgsfaktoren innovativer Unternehmens- und Projektfinanzierungsformen. Berlin: epubli.

Börsenverein des Deutschen Buchhandels (2015): Buch und Buchhandel in Zahlen 2015. Frankfurt/M.: MVB Marketing- und Verlagsservice des Buchhandels.

Börsenverein des Deutschen Buchhandels (2008): Buchkäufer und Leser – Profile, Motive, Wünsche. http://www.boersenverein.de/sixcms/media.php/976/Buchkaeufer_und_Leser_2008_kurz.pdf (Zugriff am 31. 12. 2015).

Börsenverein des Deutschen Buchhandels (o. J.): Publikumsverlage. http://www.boersenverein.de/de/portal/Publikumsverlage/293252 (Zugriff am 31. 12. 2015).

Börsenverein des Deutschen Buchhandels (o. J.b): Fachbuch- und Wissenschaftsverlage. http://www.boersenverein.de/de/portal/Fachbuch_und_Wissenschaftsverlage/293243 (Zugriff am 31. 12. 2015).

Börsenverein des Deutschen Buchhandels (o. J.c.): Subskriptionspreise. http://www.boersenverein.de/de/portal/glossar/158316?glossar=S&wort=188719 (Zugriff am 21. 1. 2016).

Buchreport (2014a): Die Adelung des Selfpublishing. http://www.buchreport.de/nachrichten/verlage/verlage_nachricht/datum/2014/04/24/die-adelung-des-selfpublishing.htm?no_cache=1 (Zugriff am 16. 12. 2015).

Buchreport (2013a): Die Kraft des Kollektivs. http://www.buchreport.de/nachrichten/nachrichten_detail/datum/2013/01/09/die-kraft-des-kollektivs (Zugriff am 15. 12. 2015).

Buchreport (2013b): Handverlesene Bücher für viele kleine Anleger. http://www.buchreport.de/nachrichten/verlage/verlage_nachricht/datum/2014/03/14/handverlesene-buecher-fuer-viele-kleine-anleger.htm (Zugriff am 15. 12. 2015).

Bundeskanzleramt Österreich (2015): Alternativfinanzierungsgesetz u. a. – beschlossene Neuerungen. https://www.help.gv.at/Portal.Node/hlpd/public/content/171/Seite.1710658.html (Zugriff am 3. 1. 2016).

Child, Ben (2014): Warner Bros to refund unhappy Veronica Mars crowdfunders. In: The Guardian. http://www.theguardian.com/film/2014/mar/17/warner-refund-veronica-mars-crowdfunders-kickstarter (Zugriff am 9. 1. 2016).

Clement, Michel/Blömeke Eva/Sambeth, Frank (Hg.) (2009): Ökonomie der Buchindustrie. Wiesbaden: Gabler.

Crowdsourcing.org (2012): Crowdfunding Industry Report 2012. Massolution. http://www.crowdfunding.nl/wp-content/uploads/2012/05/92834651-Massolution-abridged-Crowd-Funding-Industry-Report1.pdf (Zugriff am 21. 11. 2015).

Crowdsourcing.org (o. J.): Global Crowdfunding Market to reach $34,4B in 2015, predicts Massolution´s 2015 CF Industry Report. http://www.crowdsourcing.org/editorial/global-crowdfunding-market-to-reach-344b-in-2015-predicts-massolutions-2015cf-industry-report/45376 (Zugriff am 21. 11. 2015).

Crunchbase (2016): Inkshares. https://www.crunchbase.com/organization/inkshares/investors (Zugriff am 6. 1. 2016).

Cuesta, Carmen/de Lis Santiago Fernández/Roibas, Irene/Rubio, Ana/Ruesta Macarena/Tuesta, David/Urbiola, Pablo (2015): Crowdfunding in 360°: alternative financing for the digital era. Madrid: BBVA Research.

Damke, Christian (2009): Strategische Analyse neuer Technologien für die Vermarktung von Büchern. In: Clement, Michel/Blömeke Eva/Sambeth, Frank (Hg.) (2009): Ökonomie der Buchindustrie. Wiesbaden: Gabler, S. 207–227.

Droemer Knaur (o.J.): Neobooks – Wo beginnt deine Geschichte? https://www.neobooks.com/home (Zugriff am 15. 10. 2015).

Dubeau, J.-F. (2015): Why Inkshares Matters to Readers and Writers of Fantasy and Science Fiction. http://www.sfsignal.com/archi-

ves/2015/09/guest-post-j-f-dubeau-god-shed-inkshares-matters/ (Zugriff am 6. 1. 2016).
Engstler, Martin/Nohr, Holger (2010): Zukunft der Verlagsbranche. Schriftenreihe Information Systems & Services der Hochschule der Medien Stuttgart. Berlin: Logos.
Friedman, Jane (2015): What You Need to Know About Crowdfunded Publishing. https://janefriedman.com/crowdfunded-publishing (Zugriff am 13. 9. 2015).
Für-Gründer.de (2015): Crowdfinanzierung in Deutschland. https://www.fuer-gruender.de/fileadmin/mediapool/Unsere_Studien/Crowdfinanzierung_9M_2015_Fuer-Gruender.de_Dentons.pdf (Zugriff am 21. 11. 2015).
Gassmann, Oliver (2013): Crowdsourcing. Innovationsmanagement mit Schwarmintelligenz. München: Hanser (2. Aufl.).
Gassmann, Oliver/Frankenberger, Karolin/Csik, Michaela (2013): Geschäftsmodelle entwickeln: 55 innovative Konzepte mit dem St. Galler Business Model Navigator. München: Hanser.
Gerber, Elisabeth M./Hui Julie S./Kuo Pei-Yi (2012): Crowdfunding: Why people are motivated to post and fund projects on crowdfunding platforms. Northwestern University: Creative Action Lab.
Godelnik, Raz (2013): Are Big Businesses Next in Line for Crowdfunding? http://www.triplepundit.com/special/rise-of-the-sharing-economy/will-veronica-mars-kickstarter-campaign-attract-big-business-try-crowdfunding/ (Zugriff am 9. 1. 2016).
Goodreads (2016): Inkshares Writers. https://www.goodreads.com/group/show/171196-inkshares-writers (Zugriff am 6. 1. 2016).
Gomolin, Adam (2014): Why editors, reviewers, librarians & retailers remain key to putting important words in front of interested readers. http://blog.inkshares.com/post/80091940804/why-editors-reviewers-librarians-retailers (Zugriff am 6. 1. 2016).
Gomolin, Adam (2013): Why equity crowdfunding is the best thing for publishing since the Gutenberg. http://blog.inkshares.com/search/equity (Zugriff am 6. 1. 2016).
Gouthier, Matthias H. J. (2006): Customer Empowerment in Geschäftsbeziehungen. In: Hippner, Hajo/Wilde Klaus D. (Hg.): Grundlagen des CRM. Wiesbaden: Gabler, S. 167–194.
Gründerszene (o. J.): Early Adopter. http://www.gruenderszene.de/lexikon/begriffe/early-adopter (Zugriff am 11. 1. 2016).

Blohm, Ivo/Leimeister Jan Marco/Wenzlaff, Karsten/Gebert, Michael (2013): Crowdfunding-Studie 2013/2014: Analyse, Perspektiven und Erfolgsfaktoren innovativer Unternehmens- und Projektfinanzierungsformen. Berlin: epubli.

Harms, Michel (2007): What Drives Motivation to Participate Financially in a Crowdfunding Community? Vrije Universiteit Amsterdam: Master Thesis.

Harzer, Alexandra (2012): Erfolgsfaktoren von Crowdfunding-Projekten. In: Startnext Network GmbH (Hrsg.) (2012): Das Co:Funding Handbuch. Berlin o. V., S. 22–43).

Hemer, Joachim/Schneider, Uta/Dornbusch, Friedrich/Frey Silvio (2011): Crowdfunding und andere Formen informeller Mikrofinanzierung in der Projekt- und Innovationsfinanzierung. Stuttgart: Fraunhofer.

Henzler, Harald (2014): Geschäftsmodelle und Vertrieb. Vortrag an der Donau-Universität Krems am 13. 12. 2014.

Henzler, Harald/Kern, Fabian (2014): Mobile Publishing. Berlin: de Gruyter.

Hesse, Jason (2014): Crowdfunding Authors' Books Could Save Publishing. http://www.forbes.com/sites/jasonhesse/2014/09/30/crowdfunding-authors-books-could-save-publishing/ (Zugriff am 16. 12. 2015)

Hoffmeister, Christian (2013): Digitale Geschäftsmodelle richtig einschätzen. München: Hanser.

Howe, Jeff (2008): Crowdsourcing. How the Power of the Crowd is Driving the Future of Business. Random House Business Books. London.

Howe, Jeff (2006): The Rise of Crowdsourcing. In: Wired Magazine, No. 6, S. 1–4.

Hurst, Samantha (2015): Inkshares Announces New Publishing Tier Funding Goal. http://www.crowdfundinsider.com/2015/10/76170-inkshares-announces-new-publishing-tier-funding-goal/ (Zugriff am 6. 1. 10216).

Inkshares (2016): Inkshares Book Statistics. https://www.inkshares.com/stats (Zugriff am 6. 1. 2016).

Inkshares (o. J.a): Frequently Asked Questions. https://www.inkshares.com/faq (Zugriff am 6. 1. 2016).

Inkshares (o. J.b): Collections Terms. https://www.inkshares.com/collections_terms (Zugriff am 6. 1. 2016).

Janello, Christoph (2010): Wertschöpfung im digitalisierten Buchmarkt. Wiesbaden: Gabler.

John, Emma (2014): Veronica Mars, the movie: ›Fans gave the money, there was all this pressure‹. http://www.theguardian.com/film/2014/mar/13/veronica-mars-movie-fans-money-pressure-return-kickstarter-funded-marshmallows (Zugriff am 10. 1. 2016).

Kern, Fabian (2014a): Crowdfunding. http://www.smart-digits.com/2014/01/crowdfunding/ (Zugriff am 13. 11. 2015).

Kern, Fabian (2014b): Perspektiven von Crowdfunding in der Buchbranche. In: Buchreport: Lohnt sich Crowdfunding für die Buchbranche? Webinar-Aufzeichnung vom 28. 3. 2014.

Kickstarter (2015a): 2014: By The Numbers – A snapshot of what 2014 looked like on Kickstarter. https://www.kickstarter.com/year/2014/data?lang=de (Zugriff am 13. 11. 2015).

Kickstarter (2015b): The Veronica Mars Movie Project – Kommentare. https://www.kickstarter.com/projects/559914737/the-veronica-mars-movie-project/comments (Zugriff am 10. 1. 2016).

Kreßner, Tino (2012): Entwicklung von Crowdfunding zur Finanzierung von kreativen Projekten. In: Startnext Network GmbH (Hrsg.): Das Co:Funding Handbuch. Berlin o. V., S. 8–18.

Hemer, Joachim/Schneider, Uta/Dornbusch, Friedrich/Frey Silvio (2011): Crowdfunding und andere Formen informeller Mikrofinanzierung in der Projekt- und Innovationsfinanzierung. Stuttgart: Fraunhofer.

Leimeister, Jan Marco (2012): Crowdsourcing: Crowdfunding, Crowdvoting, Crowdcreating. In: Zeitschrift für Controlling und Management (ZFCM), Nr. 56, S. 388–392.

Letz, Saskia (2014a): Crowdsourcing in der Buchbranche. Hochschule der Medien Stuttgart: Bachelor-Thesis. http://saskialetz.jimdo.com/thesis/ (Zugriff am 17. 8. 2015).

Letz, Saskia (2014b): Der erste Facebook-Roman: mithilfe der Crowd bald auf (Klo)Papier? http://saskialetz.jimdo.com/2014/10/14/der-erste-facebook-roman-mithilfe-der-crowd-bald-auf-klo-papier/ (Zugriff am 21. 11. 2015).

Letz, Saskia (2014c): Crowdwisdom und Crowdcreation. http://www.smart-digits.com/2014/11/crowdwisdom-und-crowdcreation/ (Zugriff am 22. 11. 2015).

Letz, Saskia (2014d): Crowdsourcing in Verlagen – Ein Überblick. http://www.smart-digits.com/2014/10/crowdsourcing-in-verlagen-ein-ueberblick/ (Zugriff am 13. 12. 2015).

Letz, Saskia (2014e): Crowdfunding. http://www.smart-digits.com/2014/10/

crowdfunding-2/ (Zugriff am 10. 1. 2016)

Letz, Saskia (2014f): Crowdsourcing in Buchverlagen – wann, wie warum? http://www.smart-digits.com/2014/11/crowdsourcing-in-buchverlagen-wann-macht-das-sinn/ (Zugriff am 14. 1. 2016).

LinkedIn (2015): Unbound.co.uk – people. https://www.linkedin.com/vsearch/p?f_CC=2958375&trk=rr_connectedness (Zugriff am 15. 12. 2015).

Lu, Chun-Ta/Xie, Sihong/Kong, Xiangnan/Yu, Philip S. (2014): Inferring the Impacts of Social Media on Crowdfunding. University of Illinois at Chicago. https://www.cs.uic.edu/~xkong/wsdm14_lu.pdf (Zugriff am 4. 1. 2016).

Mauer, René/Faschingbauer, Michael (2013): Ein Wegweiser durch den Prozess der Geschäftsmodellentwicklung. In Grichnik, Dietmar/Gassmann, Oliver (Hg.): Das unternehmerische Unternehmen. Wiesbaden: Springer, S. 43–51).

McMillan, Graeme (2013): Veronica Mars Will Live Again, Thanks to Kickstarter. http://blog-admin.wired.com/underwire/2013/03/veronica-mars-kickstarter/ (Zugriff am 9. 1. 2016).

Meyer, Klaus-Martin (2015): »None of the existing crowdfunding platforms and companies out there solved the actual problems that we faced.« – Interview with Enrique Parrilla (pentian.com). http://crowdstreet.de/2015/02/01/none-of-the-existing-crowdfunding-platforms-and-companies-out-there-solved-the-actual-problems-that-we-faced-interview-with-enrique-parrilla-pentian-com/ (Zugriff am 8. 1. 2016).

Modjesch, Silke (2013): Mobile Business in Fach- und Sachverlagen. Konzeption und Anwendung eines Geschäftsmodell-Ansatzes zur Monetarisierbarkeit von Smartphone-Applikationen. Stuttgart: Hochschule der Medien (= Stuttgarter Beiträge zur Verlagswirtschaft 15) https://www.hdm-stuttgart.de/mp/stuttgarter_beitraege/190/volltext.pdf (Zugriff am 11. 9. 2015).

Möhrle, Martin (1995): Zur Markteinführung neuer Produkte. Wiesbaden: Gabler.

Moisseyev, Alexey (2013): Effect of Social Media on Crowdfunding Project Results. University of Nebraska: Master Thesis.

Mollick, Ethan (2014): The dynamics of crowdfunding: An exploratory study. In: Journal of Business Venturing, 29, S. 1–16.

Münchner Verlagsgruppe (o. J.): 100Fans – Crowdfunding für Bücher. https://100fans.de/ (Zugriff am 15. 10. 2015).

Neobooks (o. J.a): Das Team. https://www.neobooks.com/community/team-neobooks (Zugriff am 17. 12. 2015).

Neobooks (o. J.b): Konditionen und Service. https://www.neobooks.com/unser-service/Konditionen-Service (Zugriff am 17. 12. 2015).

Neobooks (o. J.c): Die neue App für deine Statistiken. https://www.neobooks.com/app (Zugriff am 17. 12. 2015).

Ordanini, Andrea/Miceli, Lucia/Pizzetti, Marta/Parasuraman, A. (2011): Crowd-funding: transforming customers into investors through innovative service platforms. In: Journal of Service Management, 22/4, S. 443–470.

Osterwalder, Alexander/Pigneur, Yves (2011): Business Model Generation: Ein Handbuch für Visionäre, Spielveränderer und Herausforderer. Frankfurt/M./New York: Campus.

Osterwalder, Alexander (2015): The Business Model Canvas. http://businessmodelgeneration.com/canvas/bmc?_ga=1.4687158.420879765.1443528810 (Zugriff am 29. 9. 2015).

Pentian (o. J.a): FAQ. http://pentian.com/main/faq (Zugriff am 7. 1. 2016)

Pentian (o. J.b): Books. http://pentian.com/book/search (Zugriff am 7. 1. 2016).

Pentian (o. J.c): Directors. http://pentian.com/main/directors (Zugriff am 8. 1. 2016).

Pilarczyk, Hannah (2014): Crowdfunding-Hit »Veronica Mars«: Die rätselhafte Macht der Fans. http://www.spiegel.de/kultur/kino/veronica-mars-film-nach-kickstarter-kampagne-im-kino-a-959202.html (Zugriff am 9. 1. 2016).

Pörtzgen, Gemma: Doktor Digital. Publizieren von Dissertationen im Internet. http://www.tagesspiegel.de/wissen/publizieren-von-dissertationen-im-internet-doktor-digital/9496012.html (Zugriff am 21. 1. 2016)

Rooney, Mike (2014): Review of: Unbound. In: The Independent Publishing Magazin Online. http://www.theindependentpublishingmagazine.com/2014/11/unbound-reviewed.html (Zugriff am 16. 12. 2015)

Rooney, Mike (2015): Unound Agress Joint Venture with Cornerstone. In: The Independent Publishing Magazin Online. http://www.theindependentpublishingmagazine.com/2015/01/unbound-agree-joint-venture-with-cornerstone.html (Zugriff am 16. 12. 2015)

Schallmo, Daniel (2013): Geschäftsmodell-Innovation: Grundlagen, bestehende Ansätze, methodisches Vorgehen und B2B-Geschäftsmodelle. Wiesbaden: Springer.

Schallmo, Daniel R.A. (Hrsg.) (2014): Kompendium Geschäftsmodell-Innovation: Grundlagen, aktuelle Ansätze und Fallbeispiele zur erfolgreichen Geschäftsmodell-Innovation. Wiesbaden: Springer.

Schultz, Moritz/Haas, Philipp/Schulthess, Karin/Blohm, Ivo/Leimeister, Jan Marco (2015): How Idea Creativity and Hednoic Value Influence Projekt Success in Crowdfunding. In: Wirtschaftsinformatik Proceedings, Paper 64, S. 948–962.

Sinus-Institut (o. J.): Die Sinus-Milieus in Österreich. http://www.sinus-institut.de/sinus-loesungen/sinus-milieus-oesterreich/ (Zugriff am 31. 12. 2015).

Sixt, Elfriede (2014): Schwarmökonomie und Crowdfunding: Webbasierte Finanzierungssysteme im Rahmen realwirtschaftlicher Bedingungen. Wiesbaden: Springer.

Stähler, Patrick (2014): Geschäftsmodellinnovationen oder sein Geschäft radikal neudenken. In Schallmo, Daniel R. A. (Hg.) (2014): Kompendium Geschäftsmodell-Innovation: Grundlagen, aktuelle Ansätze und Fallbeispiele zur erfolgreichen Geschäftsmodell-Innovation. Wiesbaden: Springer, S. 109–136.

Startnext Network GmbH (2012): Das Co:Funding Handbuch. Berlin o. V.

Statista (2015a): Anteil der Internetnutzer in Österreich von 1996 bis 2. Quartal 2015. http://de.statista.com/statistik/daten/studie/184944/umfrage/anteil-der-personen-mit-internetzugang-in-oesterreich-seit-1996/ (Zugriff am 11. 1. 2016).

Statista (2015b): Umsatz von Warner Bros. (WB) in den Jahren 2011 bis 2014 (in Millionen US-Dollar) http://de.statista.com/statistik/daten/studie/354426/umfrage/umsatz-von-warner-bros/ (Zugriff am 9. 1. 2016).

The White House (2012): President Obama To Sign Jumpstart Our Business Startups (JOBS) Act. https://www.whitehouse.gov/the-press-office/2012/04/05/president-obama-sign-jumpstart-our-business-startups-jobs-act (Zugriff am 9. 1. 2016).

Thomas, Rob (2013): The Veronica Mars Movie Project. https://www.kickstarter.com/projects/559914737/the-veronica-mars-movie-project/description (Zugriff am 9. 1. 2016).

Toffler, Alvin (1983): Die dritte Welle, Zukunftschance. Perspektiven für die Gesellschaft des 21. Jahrhunderts. München: Goldmann.

Übelhart, Walter (2011): Crowdsourcing für crossmediale Projekte der digitalen Kunst. Umsetzungsstrategien, Chancen und Risiken für

Kunstbuchverlage in Bezug auf Crowd Creation im Internet. Stuttgart: Hochschule der Medien (= Stuttgarter Beiträge zur Verlagswirtschaft 9) http://www.hdm-stuttgart.de/mp/stuttgarter_beitraege/196/volltext.pdf (Zugriff am 15. 5. 2015).

Unbound (o. J.): Books are now in your hands. https://unbound.co.uk/jobs (Zugriff am 15. 12. 2015).

von Gehlen, Dirk (2013): Eine neue Version ist verfügbar. Berlin: Metrolit.

von Lucius, Wulf D. (2014): Verlagswirtschaft. Konstanz/München: UVK, Lucius (3. Aufl.).

Wagner, Tobias (2014): Entwicklung innovativer Geschäftsmodelle im digitalen Zeitalter. Tools, Methoden und Best Practices aus Forschung und Praxis. Universität Köln: Master-Arbeit. http://kups.ub.uni-koeln.de/5702/ (Zugriff am 25. 9. 2015).

Warner, Ansgar (2011): Nette Bomben, böse Staubsauger: Unboxing Terry Jones »Evil Machines. E-Book-News. http://www.e-book-news.de/unboxing-terry-jones-%E2%80%9Eevil-machines%E2%80%9C/ (Zugriff am 29. 12. 2015).

Warner, Ansgar (2013): Krautfunding. Deutschland entdeckt die Dankeschönökonomie. E-Book News. http://ebooknews.pressbooks.com/chapter/euryclia-die-wiedergeburt-des-subskriptions-modells/ (Zugriff am 16. 12. 2015).

Warner, Ansgar (2014): Unbound – Erstes Crowdfunding mit Bitcoin erfolgreich. http://www.krautfunding.net/tag/unbound/ (Zugriff am 16. 12. 2015).

Warner Bros. (o.J.): Company Overview. http://www.warnerbros.com/studio/about/company-overview (Zugriff am 9. 1. 2016).

Willfort, Reinhard/Mayr, Peter/Weber, Conny (2015): Crowdfunding und Crowdsourcing: Potenzial für den österreichischen Wirtschaftsstandort. Rat für Forschung und Technologieentwicklung. http://www.rat-fte.at/tl_files/uploads/Studien/Crowdfunding-Crowdsourcing-Potenzial_Endbericht.pdf (Zugriff am 13. 11. 2015).

Wirtz, Bernd W. (2013a): Business Model Management: Design – Instruments – Success Factors. Wiesbaden: Springer.

Wirtz, Bernd W. (2013b): Electronic Business. Wiesbaden: Springer (4. Aufl.).

Wirtz, Bernd W. (2013c): Medien- und Internetmanagement. Wiesbaden: Springer (8. Aufl.).

Wißotzki, Mattias/Gebhardt, Tobias (2012): Crowdsourcing – Innovationstrend oder Hype? Potenziale interaktiver Wertschöpfung. Saarbrücken: AV Akademikerverlag.

zur Nedden, Christina (2014): Crowdfunding für Bücher: Wenn der Leser zum Verleger wird. http://www.netzpiloten.de/crowdfunding-fuer-buecher-wenn-der-leser-zum-verleger-wird-2/ (Zugriff am 7. 1. 2016).

Die Autorin

Mag. Karin Sattler, MA, seit 2008 im Verlagswesen tätig, seit 2010 Leiterin der Abteilung für Fachseminare eines österreichischen Fachverlages für Recht, Wirtschaft und Steuern. Sie studierte Internationale Betriebswirtschaft an der Wirtschaftsuniversität Wien und ESC Bordeaux und schloss 2016 das postgraduale Studium ›Digital Media Publishing – Innovatives und medienkonvergentes Publizieren‹ an der Donau-Universität Krems erfolgreich ab.